El proyecto chakra

El proyecto chakra

Transforme su vida con el poder curativo de la energía

BLUME

Georgia Coleridge

BLUME

Título original *The Chakra Project*

Edición Kate Adams, Pollyanna Poulter, Mandy Greenfield
Portada Sharon Pittaway/Unsplash; **contraportada**
stilllifephotographer/Getty Images
Dirección artística Yasia Williams-Leedham
Traducción Remedios Diéguez Diéguez
Coordinación de la edición en lengua española
Cristina Rodríguez Fischer

Primera edición en lengua española 2018

© 2018 Naturart, S. A. Editado por BLUME
Carrer de les Alberes, 52, 2.º, Vallvidrera, 08017 Barcelona
Tel. 93 205 40 00 e-mail: info@blume.net
© 2018 del texto Georgia Coleridge
© 2018 Octopus Publishing Group Ltd., Londres

I.S.B.N.: 978-84-17254-76-6

Impreso en China

WWW.BLUME.NET

Preservamos el medio ambiente. En la producción de nuestros libros
procuramos, con el máximo empeño, cumplir con los requisitos
medioambientales que promueven la conservación y el uso responsable
de los bosques, en especial de los bosques primarios. Asimismo, en
nuestra preocupación por el planeta, intentamos emplear al máximo
materiales reciclados y solicitamos a nuestros proveedores que usen
materiales de manufactura cuya fabricación esté libre de cloro elemental
(ECF) o de metales pesados, entre otros.

Contenido

Introducción

El cuerpo humano es absolutamente maravilloso. Es un milagro que un conjunto de células diminutas posea todas las instrucciones genéticas necesarias para convertirse en un adulto del todo desarrollado, que camina, habla y es autosuficiente. Se calcula que en el transcurso de la vida el cuerpo respira una media de 672 768 000 veces y el corazón late nada menos que 3 363 840 veces. No obstante, este increíble cuerpo nuestro no es solo una máquina inteligente; además, podemos enamorarnos, reír y llorar, pensar, inventar y explorar, comunicarnos, soñar y crear, e incluso reflexionar acerca de la naturaleza de la realidad, nuestra alma y lo divino.

La extraordinaria energía que hace que todo eso sea posible es la llamada fuerza vital, *qi* o *prana*. Si el ADN es el patrón físico, podríamos decir que el *prana* es el patrón energético que apuntala y organiza todo. Está ahí, en cada célula de nuestro cuerpo, y se extiende también fuera, donde crea un campo energético, o aura, alrededor de nosotros.

La tierra también posee un campo energético que nos mantiene anclados a ella. Además, estamos diseñados para absorber energía del sol y de otras longitudes de onda luminosas.

Captamos todo tipo de energía, en todo momento, a un nivel vibracional. Algunas personas se muestran escépticas ante la idea del aura porque no la pueden ver, pero la energía que nos rodea es capaz de alterar el estado de ánimo, provocar síntomas físicos, e incluso advertirnos de algún peligro. Cuando conocemos a alguien, recibimos numerosas pistas de su aura. Podemos conectar de inmediato o ponernos en guardia de manera instintiva, sin una razón obvia y lógica. El propio campo energético también reacciona a lugares con un ambiente cargado y desagradable, y nos dice que deberíamos marcharnos.

También podemos comunicarnos a nivel energético a grandes distancias. Numerosas personas relatan experiencias esotéricas que los científicos no pueden explicar; por ejemplo, pensar en un amigo del que no sabemos nada segundos antes de que nos llame por teléfono, o sentir la urgencia de contactar con un ser querido justo en el momento en que se encuentra en peligro.

¿Qué tiene que ver todo esto con los chakras? En este libro descubrirá cómo los chakras vinculan nuestro cuerpo físico con la energía que lo rodea. Así, los chakras influyen en todos los aspectos de nuestras vidas. Constituyen un reflejo de nuestra salud física, una guía hacia los niveles más profundos de nuestra psique, y nuestras herramientas para el crecimiento y la sanación espiritual. Son sencillos y profundos, prácticos y esotéricos a un tiempo. Saber más acerca de los chakras puede cambiar su vida de forma radical.

¿Qué son los
chakras?

Los chakras constituyen la conexión entre nuestro esforzado cuerpo físico y la energía que nos rodea. En términos eléctricos, actúan como un transformador entre los dos. Como tal vez sepa, su ordenador portátil no se puede conectar directamente a la red eléctrica sin hacer saltar su circuito. Necesita un cable especial con un transformador para convertir la corriente. Podría decirse que el *prana* es la energía vital que nos atraviesa, como electricidad. Y los chakras son los transformadores que conectan nuestros ordenadores sólidos físicos con la energía de nuestras capas no sólidas.

También podemos imaginar los chakras como ventanas, o portales, entre el cuerpo físico y el cuerpo energético. Cuando funcionan bien, las ventanas desempeñan un trabajo esencial al permitir el paso de la luz y el aire al interior de un edificio. Si cerramos las ventanas de manera permanente y bloqueamos la luz con cortinas pesadas y pilas de trastos, las estancias empezarán a resultar pesadas, insalubres y sofocantes. Si, en cambio, las dejamos siempre abiertas, las habitaciones parecerán desprotegidas y resultarán incómodas, sobre todo si hace mucho viento o frío. Los chakras sanos necesitan una buena limpieza para permitir la entrada y la salida de la energía. Si sus chakras no están sanos y se han atascado en un estado totalmente abierto o cerrado, es muy posible que necesiten un ajuste. Este libro le enseñará a detectar los chakras faltos de salud y a sanarlos.

ESPIRALES Y SÍMBOLOS

En las antiguas escrituras indias védicas, la palabra *chakra* significa «rueda». Los chakras se representan como espirales o círculos de luz. En su giro introducen y expulsan energía del cuerpo. Los chakras conectan el cuerpo físico con las capas emocional, mental y espiritual, y se pueden visualizar como numerosos círculos o espirales apilados. Cuando giran en armonía, la energía fluye.

Tradicionalmente, cada chakra se representa también mediante un símbolo único conocido como *yantra*. Basados en las flores de loto, con diferentes números de pétalos, representan las cualidades y las asociaciones de cada chakra. Encontrará una versión sencilla de los *yantras* al principio de cada capítulo.

COLORES

Como un arco iris de luz, cada uno de los siete chakras se asocia con un color distinto: rojo, naranja, amarillo, verde, azul, púrpura y un bonito blanco-violeta resplandeciente. El rojo es la vibración más baja y se conecta con el chakra raíz, entre las piernas. El blanco-violeta posee la vibración cromática más alta y se asocia con el chakra corona, en la parte superior de la cabeza. Entre ellos, el resto de colores compone un precioso puente arco iris que conecta la tierra y el cielo.

LAS ESPIRALES DE LA NATURALEZA

En general, los chakras se representan como espirales, un símbolo muy potente de crecimiento espiritual. Nuestro planeta forma parte de la gran galaxia en espiral conocida como Vía Láctea. Y existe un gran número de espirales preciosas en la naturaleza: las plantas trepadoras que ascienden en espiral; la secuencia de Fibonacci de las espirales del centro de un girasol; los fractales en espiral de las caracolas o el brócoli romanesco... Las espirales son capaces de unir fuerzas opuestas y conducirlas hasta la unidad. Cuando comience a trabajar en sus chakras, es posible que empiece a ver espirales por todas partes.

UBICACIÓN

Tenemos cientos de chakras por todo el cuerpo, también en las palmas de las manos y en las plantas de los pies. En este libro nos centraremos en los siete chakras fundamentales. El diagrama de la página siguiente muestra dónde se encuentran esos siete chakras.

ASOCIACIONES

Cada uno de los siete chakras mayores posee diferentes asociaciones.

Chakras inferiores:

1 El chakra raíz nos conecta con la tierra y con el cuerpo físico.
2 El sacro se relaciona con el placer físico y la creatividad.
3 El plexo solar se encarga de la fuerza.

Chakras superiores:

4 El chakra del corazón trata sobre el amor y la compasión.
5 El chakra de la garganta expresa verdad y comunicación.
6 El tercer ojo se relaciona con la intuición.
7 La corona representa la conexión con lo divino.

Cada capítulo de este libro analiza esas asociaciones en profundidad. Cuanto mejor entienda sus chakras, más sencillo le resultará cuidarlos.

LA IMPORTANCIA DEL FLUJO

El flujo de energía a través de los chakras discurre en dos direcciones. Cada chakra capta energía y la expulsa, conectando así el cuerpo y el campo áurico con el mundo exterior. Además, todos los chakras se hallan conectados entre sí en sentido vertical para nutrirse y apoyarse unos a otros. Encontrará una explicación más detallada de estos flujos horizontales y verticales en los diagramas de las páginas 183 y 184.

Sintonizar con la energía: ejercicio

Las manos representan un gran punto de partida para percibir el tipo de energía que fluye a través de los chakras. Es posible que se sorprenda de lo efectivo que resulta este sencillo ejercicio.

o Frótese las manos con fuerza y flexione los dedos varias veces.

o Mantenga las manos unidas delante de usted, como si estuviese rezando. A continuación, sepárelas lentamente.

o Vuelva a juntar las manos. A medida que lo hace, empezará a sentir la energía entre ellas. Es posible que perciba algo parecido al empuje de dos imanes que se repelen, o como una pelota de energía que puede sostener entre sus manos.

o Separe las manos más que antes y júntelas de nuevo. La sensación producida por la energía será más intensa.

o Repita el ejercicio separando cada vez más las manos.

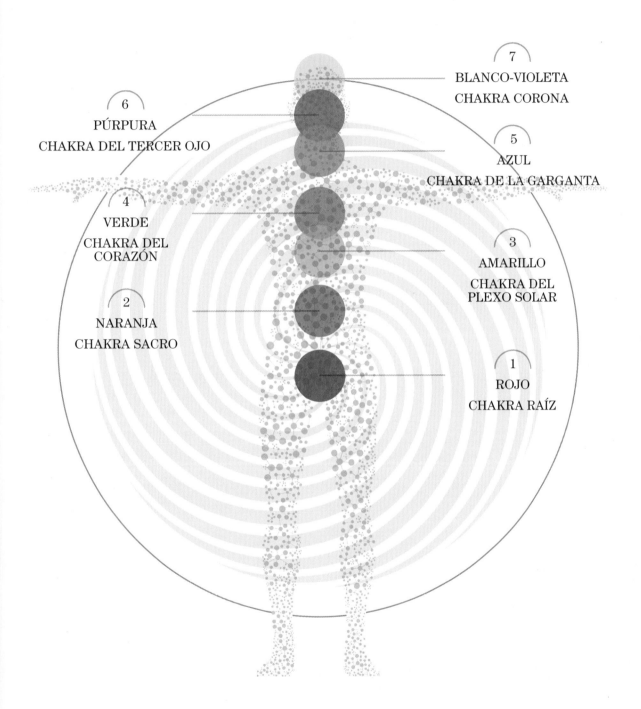

7
BLANCO-VIOLETA
CHAKRA CORONA

6
PÚRPURA
CHAKRA DEL TERCER OJO

5
AZUL
CHAKRA DE LA GARGANTA

4
VERDE
CHAKRA DEL
CORAZÓN

3
AMARILLO
CHAKRA DEL
PLEXO SOLAR

2
NARANJA
CHAKRA SACRO

1
ROJO
CHAKRA RAÍZ

Cómo se utiliza
este libro

Empezaremos con una revisión general del estado de los chakras aplicando dos enfoques distintos para conectar con los chakras y analizarlos. Comenzará a entender dónde se encuentra cada chakra, qué sensación producen y si necesita trabajar determinadas áreas.

A continuación, nos centraremos en cada uno de los siete chakras principales para conocerlos mejor. Cada uno se asocia con un precioso color del arco iris, de modo que resulta sencillo recordar cuál es cuál. Además, cada chakra posee unas características únicas que le permitirán conocer el aspecto, la sensación y los efectos de cada uno de ellos.

Cuando los chakras individuales están equilibrados, regulan la energía que entra y sale del cuerpo. Nos sentimos sanos y con energía, pero no sobrecargados. Cuando todos los chakras están equilibrados, funcionan bien juntos, como los instrumentos de una orquesta, en perfecta armonía. Sin embargo, si alguno de ellos está demasiado activo o falto de actividad, es como si algunos instrumentos de la orquesta sonasen desafinados. En lugar de armonía, se produce cacofonía. El sistema al completo podría hallarse sometido a presión.

Si en el transcurso de la lectura descubre que alguno de sus chakras está desequilibrado, existen numerosas sugerencias para recuperar la armonía (entre otras, métodos para reforzarlos y despejarlos eliminando energía atascada de otras personas o de su pasado) y soluciones para protegerlos durante un día ajetreado cualquiera. Los enfoques son diversos y numerosos: desde sugerencias prácticas que puede llevar a cabo en casa o en el trabajo, hasta técnicas energéticas como ejercicios de respiración y visualizaciones.

Por último, le mostraré opciones para reunir toda la información, trabajar todos los chakras y reforzar su conexión. Ese proceso puede resultar muy inspirador y energizante.

Cuando empecé a trabajar en mis chakras, tomé conciencia de repente de las hermosas formas y los preciosos colores que los representan. El mundo me parecía más interesante y colorido: percibía la belleza de las frutas y las verduras frescas, de las flores, y veía espirales por todas partes. La energía realmente fluye con el pensamiento.

Al final del libro, sus chakras girarán de forma más ordenada y su energía fluirá mejor, tanto hacia arriba como hacia abajo. Cuando se sienta conectado y todos sus chakras funcionen en conjunto, de un modo equilibrado, le resultará más sencillo evolucionar espiritualmente. Además, se tomará con calma los retos diarios de la vida.

Nota sobre las visualizaciones

Si nunca ha realizado un trabajo energético, es posible que se pregunte si los ejercicios de este libro le darán resultado. Puedo asegurarle que sí. Pruebe este pequeño experimento ahora mismo:

o   Imagine que recoge un limón fresco y muy jugoso. Piense en lo bien que huele. Visualice que lo corta por la mitad, se lo lleva a la boca y, lentamente, lo muerde. El zumo le envuelve la lengua.

o   ¿Ha empezado a salivar solo de pensarlo?

¿Cómo están sus chakras?

Revisión
de los chakras

Vamos a empezar revisando todos sus chakras, ya que estos portales están repletos de información. Un médico occidental le tomaría la tensión o escucharía su respiración con un estetoscopio. Un practicante de medicina china le tomaría el pulso o le examinaría la lengua. En cualquier caso, buscan pistas sobre su salud para poder tener un diagnóstico y prescribirle un tratamiento.

Como sanadora, siempre busco pistas sobre la energía de mis pacientes. Para ello, conecto con cada capa de sus chakras a través de mis manos. Si percibo que su energía está bien, es muy probable que su salud física también sea óptima. Si, en cambio, noto que alguna parte de su campo energético es tóxica o está reprimida, puede afectar a su sistema inmunológico. Los chakras funcionan como un sistema energético completo: si solo uno de ellos está desequilibrado, puede interrumpir el flujo de energía de todo el sistema. No obstante, si es capaz de descubrirlo y solucionarlo, mejorará su salud general y se sentirá dinámico y lleno de vida.

Algunos de los chakras de mis pacientes me resultan bloqueados y pesados; otros los percibo flojos y agotados, como si hubiesen perdido su brillo. En cambio, mantener la mano sobre un chakra saludable es todo un placer: cuando un chakra gira en armonía, se siente ligero y resplandeciente, como partículas de polvo bailando en un rayo de sol, o esa maravillosa sensación, en primavera, de que la savia asciende por los troncos de los árboles, las hojas se abren y las flores están a punto de salir.

Cuando a los pacientes les ocurre algo bueno o malo entre sesiones, sus chakras lo revelan. Y a medida que trabajamos los chakras, semana tras semana, su energía resulta más limpia. Incluso los grandes problemas de la vida, o cuestiones familiares que parecían abrumadoras en la primera sesión se pueden abordar, eliminar, sanar y liberar capa por capa.

Para mí resulta sencillo descubrir áreas de energía que necesitan sanación en los chakras de mis pacientes. Bajo las manos las percibo densas y fuera de lugar, como un montón de ropa sucia en medio de una habitación perfectamente ordenada. ¿Por qué no lo advierten por sí solos? En ocasiones se requiere un esfuerzo consciente. Cuando se vive cada día con la propia energía, uno se acostumbra a ella. Como un pez en el mar, el cuerpo y el campo energético se sienten normales.

Además, existen partes que no queremos sentir: las sombras; los tiburones que nadan bajo la línea de flotación de nuestra mente consciente; viejas heridas emocionales; una historia familiar dolorosa o dolor físico de bajo nivel, por ejemplo. La mayoría de nosotros, de manera consciente o inconsciente, lo bloquea todo para poder continuar con su vida. Sin embargo, suprimir esas sombras requiere una gran cantidad de energía, como pedalear con mucho esfuerzo mientras se mantienen los frenos apretados; se necesita mucha más energía, de hecho, que para afrontar un problema y sanarlo. Físicamente, podríamos acabar con los hombros agarrotados, una úlcera de estómago o insomnio. A nivel energético, los chakras se distorsionan o se bloquean, lo que puede hacer que nos sintamos apagados y aletargados.

En las siguientes páginas le guiaré en algunas visualizaciones sencillas para ayudarle a conectar con la energía de los chakras. Pruébelas con la mente abierta. No existe un modo correcto o incorrecto de explorar los chakras. Si se siente más cómodo con palabras que con imágenes, las descripciones detalladas de los chakras al principio de cada capítulo le resultarán más útiles.

Analizar

sus

chakras

Le presento un buen punto de partida para analizar sus chakras.

El escáner espiritual (*derecha*) y la meditación del faro (*véanse* págs. 22-23) son dos técnicas que pueden aportarle información, ya sea visualmente o como una sensación corporal. Pruebe una, o ambas, y encontrará el método más adecuado para usted.

Quizá le resulte útil grabar y reproducir estas técnicas (o que alguien se las lea en voz alta) para poder cerrar los ojos, relajarse e imbuirse por completo en los ejercicios.

TÉCNICA 1

Para someterse a una resonancia en un hospital, el paciente permanece tumbado en el interior de un tubo blanco luminoso que escanea todo el cuerpo mediante resonancia magnética. A continuación, encontrará la versión espiritual para realizarla cómodamente en casa. Es posible que le sorprenda la intensidad de lo que vea o sienta.

Escáner espiritual

o   Tome una hoja de papel y rotuladores o lápices. Dibuje un contorno sencillo de su cuerpo y señale la ubicación de los siete chakras principales (puede utilizar el diagrama de la página siguiente a modo de guía).

o   Túmbese y cierre los ojos. Respire de manera lenta y profunda varias veces. Imagine que un gran rayo de luz, como un foco, recorre su cuerpo y escanea cada parte, desde la coronilla hasta las plantas de los pies.

o   Mientras imagina que la luz recorre su cuerpo, tome conciencia de las imágenes o las sensaciones en cada parte. Si es usted una persona visual, es posible que vea colores, formas o manchas de luz y sombra con el ojo interior. Si es más sensorial, tal vez note hormigueo, opresión, ligereza, pesadez, dolor muscular o cambios de temperatura.

o   Continúe respirando de manera lenta y regular. Repita el escáner una segunda vez, un poco más lento, y compruebe si nota algo más.

o   Cuando abra los ojos, señale en el dibujo lo que haya advertido.

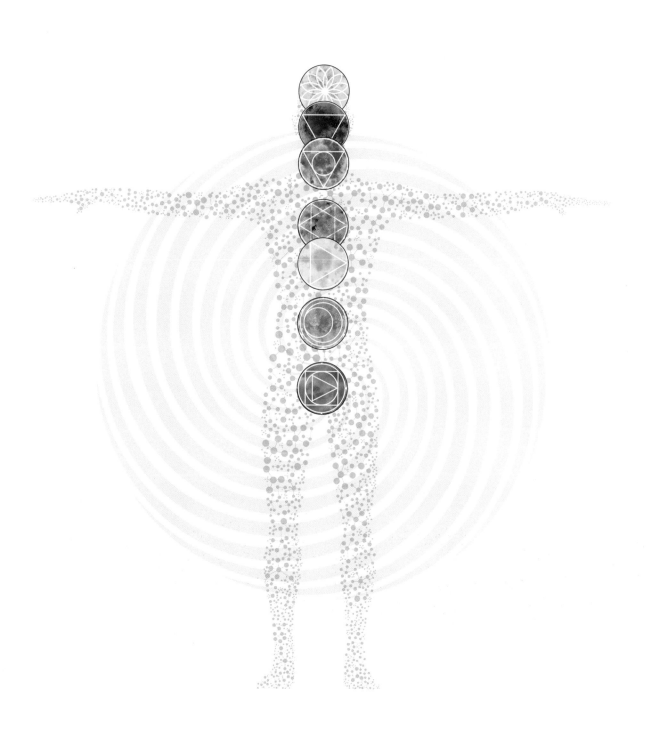

TÉCNICA 2

Cuando era pequeña, visité un faro. Nunca había estado
en un edificio como aquel, y me pareció fascinante, tan alto
y estrecho. Cada planta tenía una sola estancia.

Cuando estamos de pie o sentados, el cuerpo energético
se parece un poco a un faro: cada chakra ocupa una planta
distinta, cada color de chakra se sitúa encima del anterior.

En esta visualización (que continúa en la página 22)
realizará un viaje a su propio faro de chakras y entrará
en cada estancia para observarla con atención.

Si alguna de ellas tiene demasiados muebles, resulta fría
o carece de ventanas que se puedan abrir, se trata de
una pista simbólica de que ese chakra requiere su atención...

TÉCNICA 2 (CONTINUACIÓN)

Meditación del faro

○ Siéntese cómodamente con la espalda recta y los pies planos sobre el suelo. Respire varias veces de manera lenta y profunda.

○ Imagine que se encuentra en la ladera de una montaña. Está solo y sabe que el lugar es tranquilo y seguro. El sol brilla con suavidad y siente el aire en su rostro.

○ Mire el suelo. La ladera desciende suavemente y hay un pequeño camino seguro. Lo sigue paso a paso. Observe que el camino conduce a un faro alto y estrecho con ventanas. Se siente atraído por el edificio y desea explorarlo. No hay ningún peligro. El camino le lleva hasta la puerta del faro.

○ Abra la puerta, entre, ciérrela y espere a que sus ojos se acostumbren a la luz. Está en la **PRIMERA** habitación, que ocupa toda la primera planta. En el centro de la estancia hay una vela **ROJA** en un candelabro rojo y una caja de cerillas. Encienda la vela. Observe cómo brilla la luz roja.

○ Mire a su alrededor. Gírese y observe todas las paredes. ¿Qué percibe de la estancia? ¿Está vacía o llena? ¿Hay algo en el suelo? ¿Y en las paredes? ¿Hay alguna imagen? ¿Es fresca o cálida? ¿Está limpia? Observe las ventanas: ¿permiten el paso de la luz? ¿Puede abrirlas? ¿Cómo le hace sentir esta habitación? Permanezca en ella unos minutos más.

○ Es posible que no se haya dado cuenta, pero hay una escalera apoyada en una pared que conduce a una trampilla en el techo. Puede subirla con total seguridad, peldaño a peldaño, primero un pie y después el otro. Abra la trampilla, suba y ciérrela. El suelo es llano y muy seguro.

○ Se encuentra en la **SEGUNDA** planta. En el centro de la habitación hay una vela **NARANJA** en un portavelas naranja y una caja de cerillas. Encienda la vela. Observe cómo brilla la luz naranja. Mire a su alrededor tal como ha hecho en la habitación anterior; perciba el aspecto de la estancia y las sensaciones que le provoca. Quédese unos minutos antes de subir al siguiente piso.

○ Se encuentra en la **TERCERA** planta. En el centro de la habitación hay una vela **AMARILLA** en un portavelas amarillo y una caja de cerillas. Encienda la vela y observe cómo brilla su luz. Mire a su alrededor y perciba el aspecto de la estancia y las sensaciones que le provoca. Quédese unos minutos antes de subir al siguiente piso.

- Se encuentra en la **CUARTA** planta. En el centro de la habitación hay una vela **VERDE** en un portavelas verde y una caja de cerillas. Encienda la vela y observe cómo brilla su luz. Mire a su alrededor y perciba el aspecto de la estancia y las sensaciones que le provoca. Quédese unos minutos antes de subir al siguiente piso.

- Ahora está en la **QUINTA** planta. En el centro de la habitación hay una vela **AZUL** en un portavelas azul y una caja de cerillas. Encienda la vela y observe cómo brilla su luz. Mire a su alrededor y perciba el aspecto de la estancia y las sensaciones que le provoca. Quédese unos minutos antes de subir al siguiente piso.

- Se encuentra en la **SEXTA** planta. En el centro de la habitación hay una vela **PÚRPURA** en un portavelas del mismo color y una caja de cerillas. Encienda la vela y observe cómo brilla su luz. Mire a su alrededor y perciba el aspecto de la habitación y las sensaciones que le provoca. Quédese unos minutos antes de subir al siguiente piso.

- Se encuentra en la **SÉPTIMA** planta. Esta habitación es distinta a las demás. Es la planta superior del faro, y el tejado es de cristal. En el centro de la estancia hay una vela **BLANCA** en un portavelas blanco y una caja de cerillas. Encienda la vela y observe cómo brilla su luz. Mire a su alrededor y perciba el aspecto de la habitación y las sensaciones que le provoca. En cuanto a la cubierta de cristal, ¿cuánta luz entra en la habitación?

- Es posible que no lo haya visto, pero en un lado de esta habitación hay un ascensor que baja hasta la entrada del edificio. Tómelo y perciba cómo baja muy lentamente y deja atrás las plantas morada, azul, verde, amarilla y naranja hasta llegar a la roja. Salga del ascensor y tome el camino de regreso al punto de partida.

- Abra los ojos. Anote todo lo que ha percibido en cada una de las habitaciones.

Algunas de las cosas que ha visto serán fáciles de interpretar. Otras podrían ocultar un mensaje simbólico que exigirá cierto tiempo hasta que su significado le resulte evidente.

La primera vez que practiqué esta visualización, mi habitación naranja se parecía a una habitación con forma de L de la casa de mi abuelo. Estaba repleta de juguetes, incluyendo el viejo balancín de madera de mi madre. El mensaje era que necesitaba despejar de energía familiar el ckakra sacro, tanto de mi propia infancia como de la de mi madre.

¿Qué debe
hacer a continuación?

Ahora que está empezando a conocer sus chakras, lea los siete capítulos siguientes: encontrará numerosas ideas, ejercicios e imágenes que le inspirarán todavía más.

Empezando con el chakra raíz, analizaremos los chakras uno a uno. Cuanto más sepa acerca de estos portales de energía, más fácil le resultará reforzarlos y sanarlos. Los chakras funcionan a tantos niveles distintos que este proceso puede ser muy potente y transformador.

Es posible que empiece a percibir con más frecuencia los maravillosos colores de los chakras; cuando observamos, resulta sorprendente lo hermoso que es el mundo. Si lo desea, tome fotografías y publíquelas en Instagram (#ChakraProject). Me encantaría verlas.

Si sus chakras inferiores necesitan cuidados, convendría que empezase a moverse más: caminar, bailar o asistir a clases de yoga. También debería comer más alimentos frescos y coloridos, o poner orden en casa y cumplir con sus listas de tareas pendientes.

Si es el chakra del corazón el que requiere su atención, es hora de sanar las viejas heridas y bloqueos, nutrirlo y protegerlo, y cambiar su vibración para poder dar y recibir amor.

Si sus chakras inferiores necesitan atención, podría visitar a un sanador, limpiar su campo energético, tomar lecciones de canto o meditar.

Empiece su viaje por los chakras donde prefiera. Es posible que se sienta inclinado a dedicarse directamente a un chakra determinado, tanto si es uno que no le produce ninguna molestia como si se trata del chakra que más problemas le da.

No obstante, la mayoría de las personas prefieren empezar por el chakra raíz (rojo) e ir subiendo hasta la corona (así es como se organiza este libro). Es como asegurarse de construir unos cimientos realmente sólidos antes de edificar el resto de la casa. Si pretende construir un faro con una luz muy potente, unos buenos cimientos son esenciales.

Nota sobre la intención

Como puede comprobar a partir del ejercicio del limón de la página 12, la energía fluye hacia donde va el pensamiento. En ocasiones basta con pensar en algo para que empiecen a ocurrir cosas extraordinarias a nivel físico (salivar, por ejemplo) o emocional (cuando piensa en un ser querido). Por supuesto, sus pensamientos influyen en el proceso a nivel intelectual y espiritual. Por este motivo, los ejercicios de este libro pueden resultar muy poderosos si los aborda con intención.

La intención es una herramienta capaz de dotar de una gran fuerza a todo lo que haga. Significa establecer un pensamiento o una actitud determinados en su mente. Cuando lo haga, el universo le brindará lo que está buscando. Si no hace nada más, cuando lea este libro, impóngase la intención de percibir los colores de los chakras y observe lo que empieza a ocurrir...

Chakra raíz

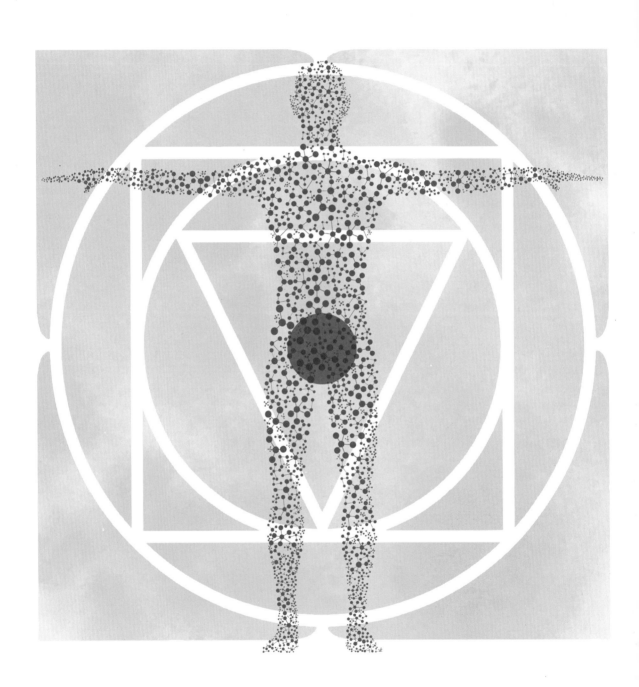

Nombre en sánscrito	*Muladhara* (significado: la raíz)
Comúnmente conocido como	Chakra raíz, chakra rojo
Número	Uno, el primer chakra
Ubicación	Base de la columna, perineo
Asociaciones	Supervivencia; el cuerpo físico; raíces; conexión con la tierra, su cuerpo y su tribu
Órganos relacionados	Huesos y esqueleto, base de la columna, piernas, pies, intestino grueso, genitales
Sentido	Olfato
Elemento	Tierra
Edades	0-7 y 50-56
Cuando está equilibrado	Sensación de solidez, satisfacción y comodidad con uno mismo; físicamente lleno de energía y con buena salud; vida estable
Cuando está débil o dañado	Sensación de estar ausente, descentrado, ansioso o insatisfecho; físicamente enfermo o débil; problemas con los pies, las piernas, las rodillas y/o los huesos, incluyendo ciática; problemas digestivos como estreñimiento y hemorroides
Cuando está muy desarrollado	Inflexibilidad; rigidez física; acaparamiento; vulnerabilidad emocional ante acontecimientos inesperados
Símbolo/*yantra*	Loto de cuatro pétalos; el cuadrado del centro representa la tierra
Frases	Soy, sobrevivo, estoy seguro, tengo suficiente, estoy centrado
Cristales	Pruebe con cristales negros, marrones o rojos, como rubí, granate y hematita, como ayuda para centrarse y protección

Me siento cómodo en mi piel

Tengo mi tribu de familia y amigos

Disfruto con la jardinería

Tengo un buen sentido del olfato

Me gusta moverme y ejercitar mi cuerpo

Me encanta estar al aire libre

Me siento seguro casi siempre

Me gusta estar vivo

Mi casa es segura y acogedora

Tengo suficiente dinero para pagar las facturas

Tengo una buena energía física

Disfruto de mis posesiones y las cuido

Me gusta andar descalzo

Soy un superviviente; ocurra lo que ocurra, estaré bien

Puedo deshacerme de lo innecesario

Estoy centrado

El chakra raíz es la maravillosa y sólida base para el resto de chakras. Situado en la base de la columna, en el perineo, apunta hacia abajo y nos conecta con la tierra. Un árbol alto necesita RAÍCES FUERTES para crecer bien; un edificio alto requiere CIMIENTOS PROFUNDOS para mantenerse estable. Nuestro sistema energético es igual: para disponer de fuerza, estabilidad y la oportunidad de elevarnos espiritualmente, necesitamos una base sólida. Cuando funciona bien, el chakra raíz nos mantiene conectados con la tierra para que nuestras raíces energéticas nos mantengan y nos alimenten, y para mantenernos seguros ante todos los problemas de la vida.

Este es el chakra más físico de todos. Este chakra rojo no trata sobre ideales elevados, pensamientos profundos o meditación; su función principal consiste en la SUPERVIVENCIA DEL CUERPO FÍSICO. Nos devuelve a lo básico, a nuestras necesidades ancestrales y primigenias: hallar suficiente alimento y un refugio seguro; mantener la energía física necesaria para cazar o buscar comida; recolectar y almacenar alimentos y combustible para el invierno, y mantener buenas relaciones con el resto de la tribu (porque en soledad no sobreviviríamos).

Aunque ya no somos cazadores-recolectores, esas NECESIDADES BÁSICAS continúan siendo imperiosas, sobre todo cuando somos muy jóvenes. Los bebés y los niños pequeños necesitan calor, alimento y protección para sobrevivir. Este chakra se relaciona sobre todo con los primeros siete años de vida, incluyendo el embarazo. Si tuvo una infancia feliz (o al menos tranquila), con unos padres CARIÑOSOS, en un barrio tranquilo o en un país políticamente ESTABLE, tendrá más posibilidades de desarrollar un chakra base saludable.

Cuando el **chakra raíz** está equilibrado

Cuando este chakra funciona bien, la vida resulta agradable. Se siente SEGURO Y CENTRADO. Los pies se asientan con firmeza en el suelo, y nada puede alterar demasiado su equilibrio.

Probablemente, disfruta de una buena salud y una gran vitalidad, con HUESOS, PIES Y PIERNAS FUERTES. Es muy posible que le guste la naturaleza, caminar o practicar la jardinería, o trabajar con las manos al aire libre. Tendrá buen apetito y digiere prácticamente todos los alimentos. Tal vez, en su interior confíe en que todo irá bien, que sus necesidades estarán cubiertas y que la TIERRA le proveerá de lo necesario.

Se le da bien GESTIONAR LOS ASPECTOS BÁSICOS DE LA VIDA, ya que es una persona práctica y con sentido común. No será de lo mejor, pero tendrá comida en la despensa. Aunque no gane mucho dinero, lo gestiona bien y paga sus facturas puntualmente. Mantiene su casa en buen estado, por lo que no tiene que preocuparse de si las ventanas cierran bien o si entrará agua cuando llueva. No le importa dedicar el tiempo necesario a las actividades diarias menos agradables; sabe que es necesario limpiar, cocinar, quitar las malas hierbas del jardín y realizar trabajos de bricolaje de forma regular, y le gusta hacerlo.

Es posible que tenga un vínculo muy fuerte con sus padres, hermanos y demás FAMILIA. Si tiene hijos, se toma sus responsabilidades muy en serio; le resulta natural trabajar duro para cuidar de ellos. Si no está cerca de su familia, encontrará a su tribu y contará con el apoyo y la confianza de sus amigos.

Cuando el chakra raíz gira en todo su esplendor, representa el punto de partida perfecto para todo tipo de cosas interesantes; cuando lo básico de la vida se encuentra bajo control, se dispone de recursos y energía para lo demás. Es posible que sus chakras más altos ansíen crear, desarrollar la carrera soñada, enamorarse, escribir una novela o seguir un camino espiritual, y su chakra raíz actúa como la PLATAFORMA SÓLIDA para manifestar todos esos sueños y hacer que esas cosas maravillosas ocurran de manera positiva.

Sin embargo, cuando el chakra raíz está desequilibrado, es otra historia. Este chakra puede estar falto de fuerza, sobrecargado o incluso con una mezcla de ambos extremos.

Identificar un
chakra
raíz débil o dañado

Existen motivos muy diversos para tener un chakra raíz débil. En ocasiones se debe a que no presta suficiente atención al cuerpo físico: tal vez porque PIENSA DEMASIADO o porque ansía una conexión espiritual. Somos espíritus en un cuerpo humano, y esa encarnación en la tierra representa una oportunidad única para aprender de la experiencia. Sin embargo, si la VIDA LE RESULTA ABRUMADORA, podría ser más seguro pasar la mayor parte del tiempo en su cabeza o en los reinos más elevados de los chakras superiores.

En apariencia, parece un lugar tranquilo, pero si no se ocupa de su cuerpo físico, puede perder vitalidad y sentirse FÍSICAMENTE FRÁGIL Y CANSADO. Si no cuida de la parte práctica de la vida (esas tareas aburridas, como vaciar las papeleras o pagar las facturas), podría acabar envuelto en el desorden y el agobio. Además, es posible que parezca una persona poco creíble, llena de buenas intenciones que nunca llegan a nada.

Podría acabar hecho un lío en su intento de pensar en el modo de solucionar los problemas. Sin embargo, si solo escucha a su cuerpo, la respuesta suele ser sencilla. Si practica suficiente ejercicio, come bien, disfruta de aire fresco y duerme lo necesario, muchos problemas le parecerán manejables, e incluso se esfumarán.

El chakra raíz también puede resultar dañado a causa de hechos traumáticos, sobre todo en la infancia, cuando absorbemos los traumas familiares como esponjas. Incluso de adultos puede resultar dañado por la pérdida de un familiar o del trabajo, problemas económicos, enfermedades graves, inestabilidad política o guerras. Hechos menores como un cambio de domicilio o un viaje largo pueden alterar el chakra raíz.

Si este chakra no gira adecuadamente, podría sentirse DESCENTRADO. Se trata de un estado inquietante, como perder el control, sentirse inestable, como si le hubiesen cortado las piernas por las rodillas o hubiese empezado con mal pie, o como si hubiesen retirado de repente la alfombra que estaba pisando.

Este chakra alberga más que cualquier otro la energía familiar. Desde las emociones de la madre absorbidas durante el embarazo hasta los recuerdos ancestrales de pobreza, hambre, opresión o exilio, esos traumas pueden retumbar bajo la superficie y hacer que se sienta INEXPLICABLEMENTE DÉBIL, descentrado y temeroso.

Identificar un
chakra
raíz excesivamente desarrollado

Cuando el chakra raíz es demasiado grande o gira a demasiada velocidad, el organismo es como un árbol con las raíces superdesarrolladas. No hay posibilidad de crecimiento y conviene un cambio mediante el trasplante a un suelo más adecuado.

Con un chakra raíz desarrollado en exceso, puede llegar a ser demasiado práctico, quedarse atascado y mostrarse INFLEXIBLE. Como un árbol que el viento no puede doblar, es posible que se sienta físicamente rígido e inflexible. Odia cambiarse de casa porque se siente, al pie de la letra, desarraigado.

Si siempre ha hecho algo de una determinada manera (o generaciones de su familia lo han hecho), no estará abierto a las novedades. Su familia y sus compañeros de trabajo podrían verle como un apoyo responsable y fiable, pero en secreto pensarán que es un poco aburrido, sin CHISPA que ilumine su sentido común terrenal y su carácter práctico.

Un chakra raíz INFLEXIBLE también puede convertirle en una persona vulnerable. Dado que se maneja bien en el mundo físico y está acostumbrado a tenerlo todo bajo control, no necesita demasiada flexibilidad emocional. No obstante, los acontecimientos inesperados (como la muerte de un familiar) pueden afectarle mucho más que al resto de personas.

QUÉ LE OCURRE AL FLUJO DE ENERGÍA SI EL CHAKRA RAÍZ NO ESTÁ EQUILIBRADO

Si a este chakra le falta fuerza, es posible que le resulte difícil sacar adelante sus proyectos. La energía podría fluir en sentido descendente a través de los chakras y quedarse atascada al final. Hablará de un gran variedad de pensamientos, ideas maravillosas o proyectos brillantes y lucrativos, pero, por algún motivo, nunca llega a enviar esa postal para desear una pronta recuperación, escribir ese libro o llevar su idea de negocio más allá de la fase de planificación.

Si el chakra está excesivamente desarrollado, es muy posible que le resulte difícil cambiar o sentir una satisfacción auténtica. Cuando el impulso básico de supervivencia funciona bien, puede que parezca una persona de éxito de puertas para afuera, pero si la energía no fluye hacia arriba, ese éxito no tendrá el calor de la conexión del corazón o la chispa divina del crecimiento espiritual.

Caso práctico

CUANDO EL CHAKRA RAÍZ ESTÁ DEBILITADO

Jane era una mujer joven muy pálida. Tenía ansiedad y se sentía deprimida con su vida. Aseguraba que estaba indecisa y desarraigada. Su padre servía en el ejército y lo destinaban a diferentes lugares del mundo; la familia se había mudado once veces y Jane siempre era la chica nueva de la clase en el colegio.

Fue aceptada por una prestigiosa universidad inglesa para iniciar los estudios de Derecho, pero lo dejó en menos de dos años y se trasladó a Berlín para estudiar alemán, idioma que había aprendido de pequeña. Unos meses más tarde se trasladó a Londres y volvió a cambiar de estudios. Ahora quería ser psicóloga, pero la enorme lista de bibliografía le producía gran dolor de cabeza y continuó planteándose si debía regresar o no a la Europa continental.

La energía de su chakra raíz era muy débil, como si no se hubiese desarrollado correctamente. Desde el punto de vista energético, Jane no tenía unas buenas raíces.

Aunque el cambio le había resultado incómodo durante su infancia, también era normal para ella. Realicé un trabajo con ella sobre el niño interior, sanando acontecimientos ocurridos cuando cambiaba de casa, de país y de colegio, y practicó ejercicios para así conectar con la tierra (encontrará los detalles en las páginas 44 y 64).

Mis recomendaciones fueron de carácter práctico y tenían como fin crear raíces en el momento presente. A un nivel básico, le sugerí que se sentiría mejor si limpiaba su habitación, pintaba las paredes y alquilaba una máquina industrial para limpiar las alfombras. Un paseo diario le permitiría despejar la mente y conectar mucho mejor con su cuerpo. Jane no podría competir económicamente con sus compañeros de la facultad de Derecho, pero un trabajo temporal le aportaría más dinero hasta que se sacase el título. Estas soluciones calmaron la depresión leve de Jane, que consiguió acabar sus estudios.

Cómo sanar el
chakra raíz

En esta sección encontrará numerosas ideas para sanar, reforzar y equilibrar su chakra raíz: concentrarse en el color, la comida y su cuerpo físico; mejorar aspectos de su vida asociados a este chakra y, por último, una meditación para conectar con sus raíces energéticas.

Cada capítulo de este libro sigue un patrón similar, pero el chakra raíz es la base de todos los demás.

Este chakra gobierna nuestra vida cotidiana sólida y física. Podemos pasarnos décadas trabajando para equilibrar este chakra: poniendo orden en nuestra economía, creando un hogar maravilloso, cuidando nuestra salud, poniéndonos en forma, comiendo bien y solucionando las relaciones familiares. ¡Por favor, no entre en pánico! No son más que sugerencias; elija las que prefiera y compruebe hasta dónde le llevan. Estará ayudando a su chakra raíz y dará comienzo a la tarea de limpiar y aligerar todo su sistema energético.

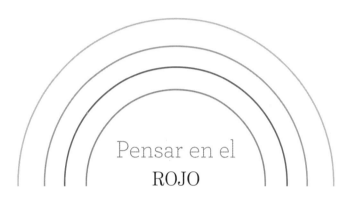

Pensar en el
ROJO

El chakra raíz está relacionado con un precioso, cálido y vibrante rojo. Los psicólogos del color manifiestan que la vibración de este color resulta muy revitalizante. No obstante, existe un gran número de tonalidades fantásticas del espectro del rojo que quizá le gusten, desde el bermellón oscuro y el marrón rojizo terroso hasta el estimulante magenta y el rosa claro.

Esté atento al color rojo: cuanto más lo busque, más lo percibirá. Cada vez que lo vea será un recordatorio para concentrarse en su chakra raíz. Compruebe cuántas cosas rojas identifica en casa y en la calle: un cuenco con frambuesas, flores rojas en el parque, un lápiz de labios, mejillas rosadas, un vistoso vehículo deportivo rojo... Cuando empiece a ver, el rojo aparecerá por todas partes.

Póngase alguna prenda roja. Empiece con algo pequeño (y prepare espacio para calcetines rojos o ropa interior roja) o ponga una etiqueta roja en su llavero; de ese modo verá el color cada vez que entre en casa.

Puede preparar un pequeño altar con flores rojas y otros objetos de ese color. Otra idea consiste en publicar imágenes de objetos rojos en las redes sociales. Se trata de utilizar el color como ayuda visual para concentrar la intención de este chakra.

Alimente su
chakra
raíz

Cada vez que tome alimentos rojos (aunque sea una simple ensalada de tomate o una cucharada de salsa), puede imponerse la intención de utilizar este maravilloso color para fundamentar y nutrir su chakra raíz. Puede que le sorprenda la cantidad de alimentos rojos que observará cuando se concentre en percibirlos. Otras verduras y hortalizas a tener en cuenta son los pimientos rojos, los chiles y las verduras de hoja de este color, como la achicoria roja.

También existen numerosas variedades de frutas rojas que, probablemente, empezará a percibir más a menudo: fresas, frambuesas, arándanos, moras, grosellas y granadas. Muchas frutas presentan bonitos tonos de rojo: manzanas rosadas, peras, melocotones, nectarinas, ruibarbo, uvas y naranjas sanguinas.

Cuando se centre en el chakra raíz, observe también los tubérculos de cualquier color. Desde el punto de vista energético, nos ayuda el hecho de que crecen en la tierra. Además, poseen un carácter reconfortante y terroso. Intente comer más patatas (sobre todo de piel roja), boniatos, zanahorias, chirivías, nabos, apio nabo, ñame, ajos y jengibre. La cebolla roja, la remolacha y el rábano tienen más importancia en lo que respecta al chakra raíz.

Sane su

cuerpo físico

Uno de los medios más obvios para equilibrar el chakra raíz es el cuerpo físico.

El cuerpo nos brinda pistas valiosas acerca de nuestra salud, pero resulta muy fácil pasar por alto esos mensajes hasta que acabamos cayendo realmente enfermos. Es una oportunidad para prestar atención a lo que el cuerpo está comunicando. Reserve un masaje: ¿qué zonas le recuerdan que se encuentran débiles? Apúntese a clases de yoga: ¿qué músculos se quejan cuando los estira? Preste atención a lo largo del día: ¿cuándo siente sed y qué alimentos le apetecen?

PIDA HORA PARA UNA REVISIÓN MÉDICA

¿Está pensando en someterse a un chequeo? Ahora es un buen momento, y sobre todo en lo que respecta a los pies, las piernas y la base del torso. Siga adelante con la iniciativa y revise sus juanetes, verrugas o ese pie de atleta. ¿Las rodillas le chasquean? Reserve hora con un fisioterapeuta. No tenga reparo en preguntar a su médico de cabecera por un frotis cervical o una revisión de próstata, ni en hablarle de esas hemorroides recurrentes (los médicos ven zonas del chakra raíz continuamente).

MUÉVASE

La vida sedentaria en espacios cerrados (en el transporte que le lleva al trabajo, delante de un ordenador o del móvil) no es buena para el chakra raíz. Si se siente cansado y aletargado, es posible que tenga la tentación de pasar todavía más tiempo delante del televisor, pero su cuerpo se sentiría mejor si añadiese un poco de

movimiento a su rutina diaria. El movimiento bombea sangre oxigenada a todo el sistema, relaja los músculos y la fascia, y contribuye también al flujo de energía.

Uno de los modos más fáciles de practicar ejercicio consiste en caminar. Utilice las escaleras en lugar del ascensor o realice a pie los trayectos cortos en vez de recurrir a su vehículo. Incluso un paseo ocasional de diez minutos es mejor que nada. Y si su motivación aumenta, existen numerosas apps que informan de la cantidad de pasos realizados.

CONECTE CON SUS PIES

Los pies, como el chakra raíz, nos conectan con la tierra. Pruebe a masajearlos o pida hora a un reflexólogo profesional para pasar el centro de la energía de la cabeza a la parte inferior del cuerpo.

Camine descalzo por su casa siempre que pueda. Y, todavía mejor, intente caminar descalzo al aire libre, sobre césped o en la playa.

También podemos conectar energéticamente con el planeta aunque estemos sobre asfalto y calzados. Una pequeña meditación eficaz y sencilla consiste en pensar en las plantas de los pies cuando tocan el suelo. Para conectarse todavía más, imagine que posee unas raíces energéticas que salen de sus pies (encontrará más información sobre las raíces en la página 44).

Conecte con su
chakra raíz

El chakra raíz trata sobre un entorno seguro y estable. Esta sección ofrece sugerencias para conectar con la naturaleza y conseguir un hogar estable y una economía próspera.

CONECTE CON LA NATURALEZA

El chakra raíz nos conecta con la tierra, con el increíble y enorme planeta en el que vivimos, y con las plantas y animales que la habitan. Para alimentar su chakra raíz, una la naturaleza a su vida tanto como pueda.

- Camine con frecuencia.

- Coma en un parque.

- Fotografíe flores para Instagram y llévese algunas a casa para ponerlas en un jarrón.

- Cultive plantas. El contacto de las manos con la tierra resulta especialmente beneficioso para el chakra raíz. Aunque no tenga jardín, puede cultivar plantas aromáticas y tomates en un alféizar.

- Siéntese con la espalda apoyada en un árbol grande y sienta la energía calmante, que le conecta con la tierra, en contacto con su columna. Imagine que conecta con la savia que fluye desde las raíces hacia el tronco. También puede abrazar el árbol si le apetece.

- Túmbese en el césped o en el campo y sienta la tierra bajo su espalda.

- Vaya de camping o de excursión. Estas salidas, en las que se camina y se duerme rodeados de naturaleza, resultan muy beneficiosas para el chakra raíz. Además, nos conectan con necesidades corporales básicas a las que hemos dejado de prestar atención.

- Recolecte moras silvestres o visite una granja que permita recoger sus productos personalmente.

- Adopte a una mascota o salga a pasear los fines de semana con el perro de algún amigo.

- Pase tiempo con niños pequeños. Tal vez porque están mucho más cerca del suelo, los insectos, los patos y los dientes de león les resultan fascinantes. Permita que le recuerden cómo se juega en un arenero, cómo se salta en un charco o cómo se recogen piedras y caracolas en la playa.

- Huela las flores; el chakra raíz también está relacionado con el sentido del olfato. Antes de comer frutas y verduras, huela las pieles y los jugos. Y, por supuesto, aprecie el maravilloso aroma de la tierra fresca y limpia.

ORGANÍCESE

Hacer que su casa resulte más acogedora puede influir en el chakra raíz, aunque se trata de cosas básicas y no de una decoración sofisticada. Si su casa está bien organizada y bajo control (por ejemplo, no se queda sin ropa interior limpia inesperadamente ni se pasa horas por las mañanas buscando las llaves del automóvil), la vida resulta más cómoda. Debido a nuestro instinto de supervivencia primigenio, es más probable que duerma bien en un lugar tranquilo y seguro.

Por dónde empezar

Si siente que en su casa reina el caos (porque tiene niños pequeños, pasa mucho tiempo en el trabajo o no le interesa especialmente ser un dios o una diosa de las tareas domésticas) y empieza a molestarle, es posible que no sepa por dónde empezar. Si se siente descentrado, una casa desordenada o una lista de tareas larga pueden resultar abrumadoras. Cualquiera de los dos métodos siguientes le ayudará a salir de su letargo y pasar a la acción:

o Empiece con las tareas más sencillas.

o Empiece con lo más pesado (la tarea que más le molesta).

Empezar por lo pequeño significa limitar el enfoque a algo que sabe que puede hacer. ¿No se atreve con la pila enorme de papeleo? Empiece por ordenar su cartera o su bolso. ¿La cocina parece un campo de batalla después del fin de semana? Friegue una olla o saque una bolsa de basura. Cuando empiece, descubrirá que no resulta tan difícil continuar.

Empezar por lo más pesado significa centrarse en un problema molesto y convertir su resolución en una prioridad. ¿Su familia corretea por toda la casa cada mañana en busca de los abrigos y las mochilas? Realicen un esfuerzo conjunto para instalar unos percheros. Cada vez que solucione un problema de este tipo, ya sea pequeño o grande, toda la familia disfrutará de mayor estabilidad.

PLANTE CARA AL DESORDEN

Si en su casa reina el desorden y le cuesta abordarlo, podría tratarse de una cuestión relacionada con el chakra raíz. Tal vez se remonte a ese viejo miedo de que la tierra no tiene recursos para todos y es mejor aferrarse a lo que ya se posee... por si acaso. El problema podría tener su raíz en una infancia difícil o en un hecho traumático de su vida que no quiere recordar. O es posible que haya absorbido temores ancestrales de sus padres o sus abuelos, que vivieron una guerra o un traslado forzoso por otro motivo.

Puede empezar a plantar cara al desorden con pequeños pasos, de uno en uno. Si el proceso le provoca un gran temor, es posible que tenga que realizar algún trabajo personal de sanación más profundo.

TOME EL CONTROL DE SU ECONOMÍA

El dinero también es una cuestión relacionada con el chakra raíz, y conviene mantener una buena relación con él. Si teme consultar su extracto bancario, si no sabe con certeza cuánto ha gastado, si despilfarra o acumula el dinero, si niega a su familia o a sí mismo productos básicos que se puede permitir, o si se preocupa en exceso por no tener nunca suficiente, es el momento de afrontar la situación. Casi todo el mundo desea tener más dinero. Sin embargo, cuando el chakra raíz funciona bien y nos sentimos centrados, resulta más sencillo gestionar lo que tenemos, pedir un aumento, priorizar los gastos y ahorrar para el futuro.

Busque consejos útiles en libros, artículos y amigos entendidos en gestión del dinero. Su chakra raíz prosaico y práctico también le dirá que nunca es demasiado pronto para empezar a guardar dinero para su jubilación (a diferencia de su chakra del sacro, el que busca el placer, que podría preferir derrochar en unas vacaciones o un deportivo, y del que hablaremos más adelante).

Si la idea de abrir la caja de Pandora de su economía le provoca emociones intensas (sobre todo miedo), es posible que necesite un trabajo de sanación más profundo en este campo.

Meditación para el chakra raíz

ENCONTRAR SUS RAÍCES

Utilizo esta visualización con frecuencia al final de las sesiones de sanación para arraigar y proteger a mis pacientes. Me gusta trabajar directamente con los pies, pero también puede visualizar las raíces saliendo del chakra raíz.

o Cierre los ojos e imagine un árbol grande y hermoso. Contemple el tronco y la textura de la corteza. Observe cómo se extienden las ramas: las grandes, las más pequeñas, las ramitas y las hojas. A continuación, mire al suelo, donde podrá ver la parte superior de las raíces que penetran en la tierra. Esas raíces alimentan al árbol con agua y nutrientes. Lo mantienen fuerte y estable. Si pudiese ver bajo tierra, comprobaría lo profundas y amplias que son las raíces, una hermosa red que se extiende hacia el interior de la tierra.

o Con esa imagen en mente, va a reconectar con sus propias raíces energéticas humanas. Centre su atención en los pies y ESPIRE. Con cada espiración, perciba sus pies cada vez más pesados. A continuación, imagine que la energía de cada ESPIRACIÓN fluye desde las plantas de sus pies hasta el suelo y llega a lo más profundo de la tierra. Mientras desciende con esta ESPIRACIÓN, es como enviar una raíz al subsuelo. Con cada ESPIRACIÓN se crean más y más raíces que se extienden a lo ancho y hacia abajo. Perciba cómo penetran sus raíces energéticas en la tierra. Con cada ESPIRACIÓN, llegue hasta la punta de las raíces para que se extiendan mucho más. Continúe respirando hasta que la red sea sólida.

o A continuación, use las INSPIRACIONES para empujar la maravillosa energía de la tierra hacia sus pies. Con la ESPIRACIÓN, regrese a la punta de las raíces. Con la siguiente INSPIRACIÓN, lleve la energía de la tierra hasta las rodillas, y así sucesivamente, fluyendo poco a poco en sentido ascendente, hasta que su cuerpo esté lleno de la hermosa energía de la tierra.

o Cuando acabe, dé las gracias a la energía de la tierra y abra los ojos poco a poco.

CONECTAR CON SUS ANCESTROS

Nuestros ancestros son nuestras raíces con el pasado. Sus temores y sus experiencias, así como sus bendiciones, pueden influir en todos nuestros chakras (en especial en el raíz). Al reconocer a sus ancestros podrá contribuir a sanar su energía familiar. Empiece recopilando nombres, historias y fotografías de familiares o de páginas web de árboles genealógicos. Si lo desea, prepare un pequeño altar de antepasados con fotografías. Envíeles pensamientos de amor y oraciones. Además, impóngase la intención de liberar de su cuerpo la energía ancestral que no le pertenece. (Para más información, *véase* Bibliografía, pág. 189).

Chakra sacro

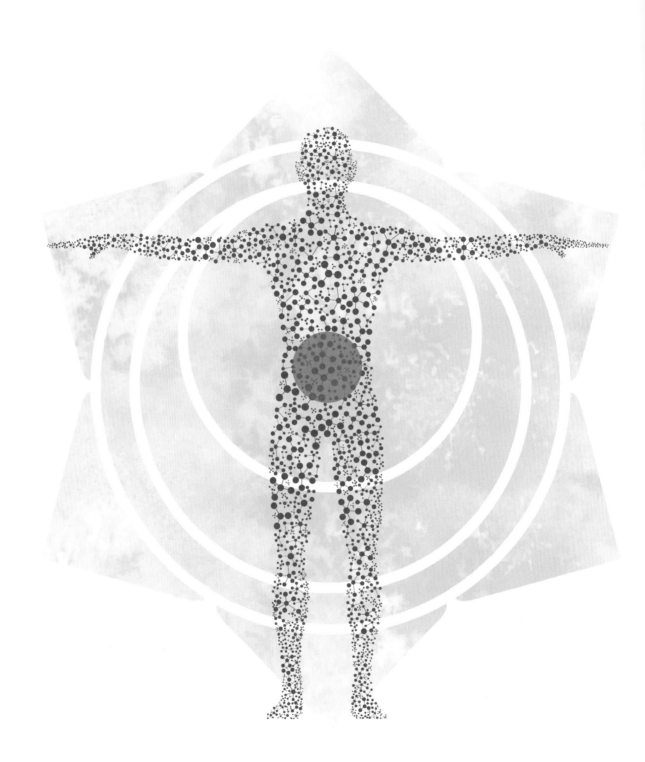

Nombre en sánscrito	*Svadhishthana* (significado: dulzura; la propia morada)
Comúnmente conocido como	Chakra sacro, chakra del bajo vientre, chakra naranja
Número	Dos, el segundo chakra
Ubicación	Bajo vientre, parte baja de la espalda
Asociaciones	Placer físico; experimentar las emociones en su plenitud; movimiento fluido; sexualidad; creatividad; la luna
Órganos relacionados	Parte baja de la espalda, zona pélvica, intestinos, órganos reproductores, vejiga, riñones
Sentido	Gusto
Elemento	Agua
Edades	8-14 y 57-63
Cuando está equilibrado	Capacidad de sentir placer; alegría vital; aceptar el cambio y fluir; feliz con la propia sexualidad
Cuando está débil o dañado	Entumecimiento; falta de apetito; frialdad y distanciamiento emocional; miedo al cambio; sensación de aislamiento; vergüenza del aspecto físico; negación sexual; rigidez física
Cuando está muy desarrollado	Montaña rusa emocional; creatividad bloqueada; problemas físicos en la zona pélvica; adicción; egoísmo
Símbolo/*yantra*	Loto de seis pétalos; el cuarto creciente representa la luna
Frases	Siento, estoy contento, creo, me muevo, fluyo, experimento
Cristales	Pruebe con cristales naranjas; por ejemplo, cornalina naranja, calcita, cuarzo o aventurina para aumentar su fuerza vital

Tengo un buen instinto

Mi digestión funciona bien

Me resulta fácil entusiasmarme y dejar fluir mi creatividad

Percibo cuándo me afectan las fases de la luna

Disfruto siendo espontáneo

Me gusta que me toquen o me den masajes

Me gusta bañarme y estar cerca del agua

Me gusta utilizar las manos para hacer cosas

Tengo aficiones y proyectos en marcha que me aportan placer

Bebo mucha agua

Las emociones fuertes son estupendas, forman parte de estar vivo

No espero que mi vida vaya en línea recta; el flujo de la vida es más creativo que eso

La vida es divertida

Puedo ser divertido

Disfruto del sexo

Yo experimento

Un chakra sacro sano es como una naranja deliciosa, dulce y jugosa.

Como el chakra raíz, el sacro conecta con el cuerpo físico y la fuerza vital, pero su centro pasa de la supervivencia a la ALEGRÍA DE ESTAR VIVO. A medida que asciende hacia este chakra naranja, todo resulta más divertido y sustancioso.

En el chakra raíz permanecemos al lado de nuestra tribu por el sentido del deber y por la seguridad; en el sacro se trata de pasar tiempo con otras personas por PLACER; de percibir y disfrutar del sabor, el olor, el color y la variedad de los alimentos que tomamos; de DISFRUTE SENSUAL e INTIMIDAD.

El chakra sacro también nos conecta con la alegría del MOVIMIENTO, EL FLUJO, EL CAMBIO Y LA ESPONTANEIDAD. Se relaciona con la Luna, y su elemento es el agua. Las fases lunares y las mareas constituyen buenos símbolos del movimiento constante de este chakra y del modo en que amplía su abanico de experiencias.

Este chakra se sitúa en el bajo vientre, entre el ombligo y el hueso púbico. Como todos los chakras medios, se proyecta hacia delante (desde el estómago) y hacia atrás (desde la parte baja de la espalda). Abarca la zona física de los intestinos, la vejiga, los riñones y el útero. Esta parte del cuerpo puede EXPERIMENTAR LAS COSAS INTENSAMENTE, tanto a nivel físico como emocional. Los sentimientos viscerales, que rugen en el bajo vientre, son muy distintos a las emociones del corazón o los chakras superiores. Dado que el útero se encuentra en esta zona, el chakra sacro también se asocia (incluso en los hombres) con una CREATIVIDAD profunda e instintiva y con la gestación de proyectos.

El nombre en sánscrito de este chakra es *Svadhishthana*, que podría traducirse como «dulzura» y «la propia morada». El chakra sacro se relaciona intensamente con las edades de 8 a 14 años, una etapa en la que el niño adquiere más libertad y descubre los placeres del mundo por sí mismo.

Cuando el
chakra
sacro está equilibrado

Cuando el chakra sacro funciona bien, la vida está llena de alegría. Se siente ENÉRGICO y OPTIMISTA ante el siguiente placer que le espera. Busca experiencias placenteras e incluso puede hallar diversión en las tareas cotidianas. Como un niño sano y feliz, se siente cómodo en su cuerpo y es capaz de abrirse para apreciar cada momento.

La vida parece fluir con facilidad; puede gestionar las tareas básicas, en parte porque disfruta de suficiente estímulo y variedad para mantener su interés. Posiblemente DISFRUTA DE LOS NUEVOS RETOS en el trabajo, de los nuevos amigos, libros o proyectos. No le agobian: le aportan energía.

Además, es una persona CREATIVA POR INSTINTO. Es capaz de preparar una comida deliciosa sin demasiado esfuerzo, y no hay ningún problema si aparecen invitados inesperados. Es posible que se vista de manera creativa, que elija combinaciones inusuales y colores que le van bien, y todo intuitivamente. Tiene el don de hacer que su casa resulte acogedora y bonita añadiendo toques de color o flores frescas. Es posible que disfrute haciendo cosas con las manos o pintando. Aprecia la creatividad de los demás y disfruta visitando galerías y museos, así como con el teatro: cualquier cosa que resulte más bella o intensa que la vida ordinaria.

Disfruta pasando tiempo con otras personas y cuenta con AMISTADES SATISFACTORIAS. Es feliz tomando un té con un amigo, pero también le gustan las fiestas. Su vida amorosa es otra fuente de placer, y se siente CÓMODO CON SU SEXUALIDAD.

Le gusta moverse y, por tanto, es posible que tenga un porte elegante y MUCHA ENERGÍA FÍSICA. Si su trabajo no le brinda mucho margen para el movimiento, quizá salga a pasear a la hora de la comida o vaya a nadar por la tarde por el puro placer de estirar sus músculos. Posee un cuerpo en forma y flexible, motivo por el que puede gestionar las emociones extremas.

Cuando el chakra sacro está desequilibrado, la vida puede parecer sosa y aburrida (sin jugo) o intensa y abrumadora. Este chakra puede estar falto de fuerza, sobrecargado o incluso con una mezcla de ambos extremos.

Identificar un
chakra
sacro débil o dañado

Cuando el chakra sacro no gira bien, la vida no resulta nada divertida. Es posible que se sienta flojo, como anestesiado, o incluso ligeramente deprimido. No percibe demasiada alegría ni color, NINGUNA ILUSIÓN. Es posible que trabaje duro porque es su obligación, pero se limita a pasar los días. No se preocupa por lo que come. Ver a los amigos y a la familia es un deber. El sexo no es más que otra obligación. Puede parecer EMOCIONALMENTE FRÍO Y DISTANTE. Rechaza invitaciones e inventa alguna justificación para no ver a la gente.

El chakra sacro está íntimamente relacionado con el movimiento. Si NO SE MUEVE LO SUFICIENTE, resulta difícil procesar las emociones intensas y permitir que fluyan a través del cuerpo. Si esas emociones se acumulan y se siente superado, este chakra puede acabar atascado.

Existen numerosos motivos que provocan el debilitamiento del chakra sacro. En ocasiones estamos tan ocupados que apenas nos quedan energías para algo más que no sea lo básico. Esto podría ocurrirle si tiene mucha PRESIÓN EXTERIOR: una gran carga de trabajo, una mudanza, un hijo en camino o acontecimientos familiares estresantes. Y todo eso empeora si no se siente bien o no duerme adecuadamente.

En ocasiones, la presión procede del INTERIOR. Es posible que esté repitiendo viejos patrones que le llevan a evitar oportunidades de placer y relajación. En general, son las palabras de figuras de autoridad (padres, profesores o jefes) las que le decían que DEJASE DE JUGAR Y CONTINUASE TRABAJANDO, aplastando así su capacidad natural para la alegría. Si las interioriza, esas palabras pueden convertirse en suyas.

Cualquier hecho traumático en la familia puede afectar al chakra sacro de un niño. La mayoría de mis pacientes con padres divorciados presentan mucha energía estancada en esta zona. En parte es su propia reacción sin elaborar, y en parte es la rabia y el dolor de los padres.

El ejemplo más grave de invasión del chakra sacro es el abuso sexual de cualquier tipo, en especial en niños. El abuso puede afectar a todos los chakras, pero resulta especialmente relevante en este caso porque puede BLOQUEAR la capacidad de sentir.

En ocasiones, las personas poseen un chakra sacro débil porque sienten VERGÜENZA DE SU CUERPO y prefieren no relacionarse con él. Es posible que se sientan feas, gordas o muy delgadas, o simplemente con una forma poco agraciada. Podrían haberles dicho que el sexo es sucio, o sentir la vergüenza de haber mojado la cama de pequeñas. Si eran menos deportivas o más torpes que los demás niños, es posible que hayan recibido gritos en clase de gimnasia por ser lentas o perder una pelota.

Identificar un
chakra
sacro excesivamente desarrollado

Si este chakra es demasiado grande o gira con excesiva rapidez, podría sentir que NUNCA SE ENCUENTRA EN PAZ. Es posible que sienta las cosas con mucha intensidad, como si estuviese en una pequeña barca en alta mar: sobre una ola de alegría, y al minuto siguiente hundido en una caída de ANSIEDAD o DESESPERACIÓN. El chakra sacro nos lleva a los extremos de la experiencia humana. Si no experimentamos las emociones y los problemas, no podemos crecer, pero si este chakra gira demasiado rápido, el flujo de energía se percibe FUERA DE CONTROL.

Igualmente peligroso es que sea tan ADICTO A LAS SENSACIONES FÍSICAS que coma o beba demasiado, conduzca de manera peligrosa, agote sus tarjetas de crédito o se acueste con personas que no conoce o no le gustan. O podría ser ADICTO AL CAMBIO y sentirse aburrido e infeliz a menos que cambie constantemente de trabajo, de pareja o de ciudad.

Si este chakra es claramente dominante, podría convertirse en una persona muy EGOÍSTA. Su propio placer es lo primero, y no le importan los sentimientos de los demás. En casos extremos, es el perfil del depredador sexual (aunque este tipo de conducta también puede ser un problema del chakra del plexo solar respecto al poder).

¿QUÉ LE OCURRE AL FLUJO SI EL CHAKRA SACRO NO ESTÁ EQUILIBRADO?

Si a este chakra le falta fuerza, los demás chakras inferiores (raíz y plexo solar) son como un bocadillo solo de pan, sin relleno. Todo es trabajo, nada de diversión.

Si el chakra está demasiado desarrollado, los chakras superiores no pueden desempeñar su papel adecuadamente. Si se atasca en la búsqueda de placer físico, resulta más difícil experimentar los placeres más elevados, como la alegría de enamorarse o la conexión con lo divino.

Caso práctico

CUANDO EL CHAKRA SACRO ESTÁ EN SHOCK

El año en que la madre de Jim murió, su mujer le dejó. El dolor era tan intenso que empezó a beber para bloquear sus sentimientos. Conseguía mantenerse sobrio durante las horas de trabajo, pero se pasaba las tardes de bar en bar y en ocasiones se despertaba a la mañana siguiente con una resaca terrible y una desconocida en su cama.

No podía soportar la idea de vaciar la casa de su madre. Y era incapaz de volver a su antiguo apartamento para recoger sus cosas. Su nuevo piso estaba vacío, sin alma. Era un lugar para guardar su ropa, y poco más.

El toque de atención le llegó durante una acampada con dos viejos amigos. Pensaba que pasarían la mayor parte del tiempo bebiendo en el campamento, pero en realidad fueron tres días de caminata en el bosque, y el alcohol se les acabó el primer día.

Mientras caminaba, sin alcohol para adormecer el dolor, Jim se descubrió llorando por su madre y su matrimonio roto. Sus amigos, sorprendidos, le convencieron para que asistiese a Alcohólicos Anónimos a su regreso, y le suplicaron que fuese a ver a un terapeuta. Todavía no le gusta hablar de sus sentimientos, pero Jim está empezando a explorarlos y continúa sobrio.

Cómo sanar el
chakra sacro

Trabajar con el chakra sacro puede ser muy divertido. Esta es la oportunidad de darse permiso para disfrutar de masajes relajantes y baños largos, y para centrarse en las aficiones y actividades que le gusten.

Si una voz en su cabeza le dice que no tiene tiempo para esas cosas, reconozca que probablemente se trata de un viejo guion estricto. Pídale que se aparte mientras se reserva tiempo para actividades que le aporten placer. Las siguientes sugerencias deben ser placenteras, no una carga, y no existe presión para realizarlas todas.

Pensar en el
NARANJA

El chakra sacro está relacionado con el color naranja, un color resplandeciente y estimulante, como la fruta. Existen muchos otros tonos del espectro naranja que pueden gustarle, desde el rosa salmón hasta el coral, el ámbar y el azafrán.

Cada vez que perciba el color naranja, es un pequeño recordatorio para concentrarse en el chakra sacro. Compruebe cuántas cosas naranjas detecta durante un día cualquiera: una persona en la calle con el pelo de color tiziano o una maravillosa puesta de sol, por ejemplo.

Utilice alguna prenda naranja, aunque sea muy pequeña (por ejemplo, un pañuelo; punto doble si se pone algo naranja en las caderas). También puede comprar un jabón naranja para el baño (le recordará el nexo con el elemento agua) o flores naranjas para el dormitorio (para representar la sensualidad).

Si lo desea, prepare un pequeño altar o publique fotografías de cosas naranjas en las redes sociales para concentrar su intención en este chakra.

Alimente su
chakra
sacro

Cuando tome alimentos de color naranja, hágalo con la intención de utilizar su maravilloso y su resplandeciente tono para equilibrar su chakra sacro.

Observe las naranjas y la familia de los cítricos, incluyendo las mandarinas. Otras frutas de color naranja: kumquats, albaricoques, mangos, melocotones, nectarinas, papayas, uvillas, melón cantalupo y caquis.

En cuanto a las verduras, trate de consumir pimientos naranjas, boniatos y calabazas. Incluya en sus platos especias como la cúrcuma, el cilantro molido y el pimentón.

Dado que este chakra gobierna los intestinos, también conviene que consuma verduras fermentadas. Cada bocado contiene millones de bacterias beneficiosas para el intestino. Pruebe *chucrut* vivo o *kimchi*; cómprelo en tiendas de dietética y alimentación natural o prepárelo en casa (encontrará las instrucciones en YouTube).

Dado que el chakra sacro se relaciona con el sentido del gusto, intente apreciar cada bocado. Además de aportarle placer, comer con conciencia es beneficioso para el sistema digestivo.

El chakra sacro está íntimamente ligado al agua; intente beber más vasos al día (encontrará más información en la página 60).

Sane su

cuerpo físico

Ser amable con el cuerpo físico constituye un buen modo de conectar con el chakra sacro.

MÍMESE

Si de repente descubriese que es rico y que dispone de todo el tiempo del mundo, ¿qué haría para disfrutar de más placeres en su vida?

Me encanta que me den masajes, pero durante mucho tiempo fui incapaz de pedir hora para uno. Me parecía demasiado sibarita para la vida «normal». Empecé a reservar hora cuando trabajaba en mi propio chakra sacro. Ahora forma parte de mi rutina mensual. Si lo prefiere, pida hora para una reflexología, un masaje de cabeza, un afeitado en caliente, una manicura, un tratamiento facial o una sesión de peluquería. O regálese una sesión de jacuzzi, una sauna o un baño de vapor. Si su presupuesto es ajustado, siempre puede darse un automasaje en las manos, los pies o el abdomen.

Si tiene una imagen negativa de su cuerpo, pruebe a darle las gracias por todo lo que hace por usted y concéntrese en las partes que le gustan.

CUIDE SU ESTÓMAGO

Aunque no le aporte la sensación de mimarse, prestar atención a los órganos de la zona del chakra sacro hará que se sienta mejor.

Un buen punto de partida consiste en introducir algunos cambios en su alimentación para disfrutar de un intestino feliz. Beba más agua para tener una vejiga y unos riñones sanos. Si es mujer, reduzca el consumo de azúcar e incluya algún método de relajación en su rutina para contribuir a regular los cambios hormonales mensuales.

DISFRUTE DEL MOVIMIENTO

Yoga, una clase de baile, tenis, golf, escalada, artes marciales, 5Ritmos, salir a bailar a algún local: muévase y disfrútelo (puntuación doble para la danza del vientre y las artes marciales, que obligan a concentrarse en el bajo vientre; la natación y hacer el amor).

Para más información sobre natación, hacer el amor y yoga para los chakras, *véanse* págs. 60, 63 y 176.

RESPIRACIÓN ABDOMINAL

Esta técnica bastante sencilla aporta movimiento a la zona del chakra sacro. Resulta beneficiosa para el sistema digestivo y muy relajante para todo el cuerpo.

1 Túmbese en un espacio cómodo.

2 Coloque las manos sobre el bajo vientre.

3 Respire de manera lenta y profunda y perciba cómo sube y baja su estómago. Sabrá que está realizando el movimiento correcto cuando sus manos suban y bajen ligeramente con cada respiración.

Cuando domine la técnica, podría realizar este ejercicio en cualquier parte y en cualquier postura.

Conecte con su
chakra
sacro

Este chakra se relaciona con el elemento agua
y con los ciclos de la luna. Esta sección también
trata de la conexión con este chakra para intensificar
su alegría, su espontaneidad y su creatividad.

DESCUBRA EL PLACER EN EL AGUA

El 70 % de nuestro cuerpo es agua (una cifra mayor en
los niños), elemento con el que tenemos una conexión
primigenia desde que nuestros ancestros salieron del océano.
El agua es vital para la vida, algo maravilloso y mágico.
Sin ella, las plantas no pueden desarrollarse y nosotros
no sobreviviríamos.

En psicología, el agua representa nuestras emociones.
Y el animal conectado con el chakra sacro es un ser similar
a un cocodrilo llamado Makara. Posee la capacidad de
sumergirse en la profundidad de nuestro subconsciente
y regresar a la superficie con información nueva.

Cada vez que vea agua, es un buen recordatorio del chakra
sacro y de sus cualidades de movimiento y flujo. Algunas
actividades en las que el agua puede sanar y equilibrar
el chakra sacro:

o   Surfear olas gigantes en Hawái sería ideal, pero nadar
o remar en el mar, caminar junto a un río, alimentar
a los patos en un parque o simplemente saltar sobre
un charco también sirven.

o   La próxima vez que se duche o se bañe, intente tomar
conciencia de la sensación del agua en su piel, cómo fluye
y forma ondas, cómo la atraviesa la luz.

o   Incluso cuando abra el grifo, recuerde lo afortunados
que somos por disponer de agua.

o   Para una limpieza de chakra en la ducha, *véase* pág. 171.

OBSERVE LA LUNA

La luna representa un importante aspecto del chakra sacro. Su movimiento constante, creciente y menguante, se relaciona con nuestra dualidad, el flujo y el reflujo entre el yin y el yang, la luz y la oscuridad, la izquierda y la derecha, arriba y abajo, el movimiento y el reposo, lo masculino y lo femenino. Un chakra sacro sano integra las dos polaridades en nuestro interior.

Un modo sencillo de aumentar la conciencia con respecto a esta faceta consiste en observar los ciclos de la luna, los efectos físicos que ejercen en nosotros y las emociones que nos despiertan.

HAGA EL AMOR

Esta es una buena oportunidad para centrarse en su vida amorosa y reconectar con el placer y la intimidad. Si su sexualidad está envuelta de temor o congelada, busque a un sanador o a un terapeuta de confianza. Además de sanar su chakra sacro, es posible que tenga que trabajar el chakra raíz y el del corazón.

DIVIÉRTASE

Sea cual sea su idea de la diversión, ¡póngala en práctica! Vea películas divertidas. Reúnase con sus mejores amigos. Pase el día en la playa o vaya a un parque de atracciones. Haga algo que le gustaba de pequeño (ir en bici, volar una cometa o comer masa de tarta directamente del cuenco). Pase parte de su tiempo con niños pequeños o con perros cariñosos. Y no olvide sonreír.

SEA CREATIVO

Si procede de una familia creativa, si le estimulaban en el colegio y su chakra sacro está fuerte, la creatividad será algo natural para usted. Si, en cambio, a sus padres no les gustaba el ruido o el desorden, o si sus profesores le decían que la escritura o el arte no se le daban bien, su chakra sacro podía estar hundido y un poco tímido ante la idea de expresarse.

Si le atrae algún proyecto creativo pero se siente intimidado, recuérdese que es perfectamente aceptable empezar con pequeños pasos. Es posible que ahora mismo no dibuje muy bien, pero céntrese en lo que sabe hacer y trabaje a partir de ahí.

¿Garabatea círculos o muñecos de palitos? ¿Alguna vez ha observado con mucha atención la estructura de una flor, o los rayos del sol que penetran a través de una ventana? Si disfruta de cosas de este tipo, concédase el permiso de seguir explorando.

Si siente que le gustaría escribir un libro, pero la idea le intimida, empiece poco a poco y deje de juzgarse. ¿Es capaz de sentarse y soñar despierto en el baño, y ver adónde le llevan sus ideas? Pruebe a invertir quince minutos en escribir, sin corregir nada, y compruebe hasta dónde llega. Se trata de concederse permiso y dar el primer paso.

Yo nunca me consideré una persona visualmente creativa porque el dibujo y la pintura en el colegio se me daban muy mal. Sin embargo, el trabajo con los chakras dio un enorme impulso a mi creatividad. Empecé a publicar imágenes relacionadas con los chakras en Instagram y, de repente, veía colores y formas por todas partes. Mi cerebro estaba repleto de ideas creativas.

DISFRUTE DEL HECHO DE ESTAR VIVO

Veamos una pequeña lista de sugerencias para impulsar su creatividad y su *joie de vivre*. Por supuesto, es más que posible que se le ocurran muchas más ideas.

- Disfrute de tener flores en casa. No tienen que ser para ocasiones especiales, igual que las velas o la vajilla.

- Coloque en lugares visibles (en la nevera o encima del ordenador) postales que le inspiren.

- Añada color a su casa; empiece con algo pequeño que le haga feliz.

- Combine diferentes tipos de ropa (y no se guarde las mejores prendas para ocasiones especiales).

- Compre un cuaderno para colorear para adultos y una buena caja de rotuladores.

- Apúntese a clases de arte. Nunca es muy tarde para aprender a pintar, tornear macetas o fabricar muebles.

- Reúnase con amigos creativos y visite galerías que le inspiren.

Meditación para el chakra sacro

ENCUENTRO CON SU NIÑO INTERIOR

Esta visualización representa un buen modo de conectar con partes de uno mismo que se encuentran atascadas e inmovilizadas (en especial, aspectos de la infancia que necesitan ayuda). La utilizo a menudo con mis pacientes en proceso de sanación, y les resulta muy fructífera.

○ Empiece centrando su cuerpo. Respire varias veces, de forma lenta y profunda, desde el abdomen. Cada vez que exhale, relaje una parte de su cuerpo (empiece por los pies y poco a poco vaya subiendo). La cabeza puede permanecer completamente alerta si lo desea, pero utilice la respiración para relajar el cuerpo. Pida a sus guías y a sus ángeles de la guarda que le acompañen para ayudarle y protegerle.

○ Regrese al lugar donde vivía de pequeño. Observe el color y la forma de la puerta de entrada. El viaje es totalmente seguro, ya que es usted quien lo crea. Su niño interior le reconocerá, sentirá la conexión y sabrá que es usted una persona de confianza que ha venido para ayudar.

○ Se acerca a la puerta y su niño interior la abre. Está encantado de verle. La conexión está ahí. Le toma de la mano y entran juntos en casa. Reconoce los colores y las formas. Su niño interior le lleva al dormitorio y le enseña sus juguetes y sus libros. Los reconoce. Siéntese y jueguen juntos.

○ Después de un rato, su niño interior comienza a sentir sueño y se acerca a usted. También está relajado y bastante cansado y su niño interior sabe que escuchará todo lo que tenga que decir. Deje que su niño interior le cuente todas sus preocupaciones o inquietudes. Puede escuchar las palabras, o puede susurrarlas en silencio en su oído.

○ Su niño interior lleva mucho tiempo solo en esa casa. Dígale que entiende lo duro que ha sido, que si quiere puede vivir con usted, en su corazón. Los dos serán más fuertes y más felices juntos. Si está de acuerdo (cosa que podría no ocurrir), sienta cómo se disuelve la separación entre los dos hasta que sean la misma persona.

○ Imagine que la habitación, y después toda la casa, se inunda de luz. Cuando sale por la puerta, ve otra que le lleva de vuelta a su vida actual. Entre, regrese a su cuerpo y abra los ojos poco a poco.

Chakra del plexo solar

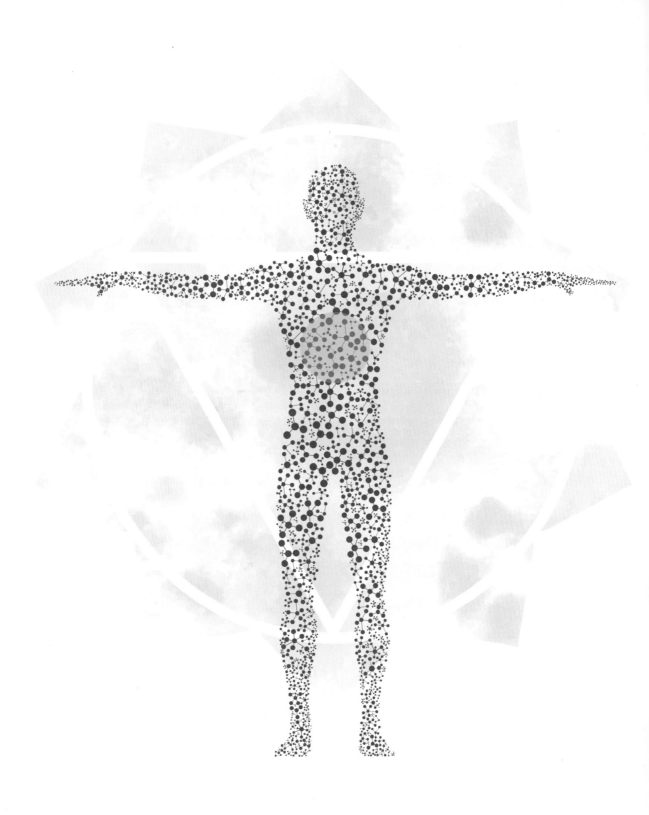

Nombre en sánscrito	*Manipura* (significado: joya brillante)
Comúnmente conocido como	Chakra del plexo solar, chakra del ombligo, chakra amarillo
Número	Tres, el tercer chakra
Ubicación	Parte alta del estómago, entre el ombligo y el esternón
Asociaciones	Fuerza personal, tener metas, el ego; establecer objetivos y límites; capacidades psíquicas, intuición
Órganos relacionados	Órganos del aparato digestivo alto, incluyendo el estómago, el hígado, el diafragma, las glándulas suprarrenales; sistema inmunológico
Sentido	Vista
Elemento	Fuego
Edades	15-21 y 64-70
Cuando está equilibrado	Sensación de energía, seguridad y enfoque; capacidad para defenderse, acabar lo que se empieza, confianza en el instinto
Cuando está débil o dañado	Cuesta tomar decisiones; falta de dirección; pasividad y sumisión; temor a desafiarse a uno mismo; problemas físicos como dolor de estómago o falta de energía; incapacidad para digerir las cosas
Cuando está muy desarrollado	Adicción al trabajo; obsesivo y perfeccionista; enfadado, ansioso y reactivo; adicciones
Símbolo/*yantra*	Loto de diez pétalos; el triángulo del centro representa el fuego
Frases	Soy, actúo, soy poderoso, tengo energía, yo puedo
Cristales	Pruebe con cristales amarillos, como el citrino, para incrementar la energía, centrar la mente y establecer límites

Me encanta
el sol

Tengo
un buen
instinto

Me lo pasé bien
en mi adolescencia
y mis años
de estudiante
(15-21)

Sé lo que
quiero hacer
en la vida

Me encanta
observar
el fuego

Reacciono
rápidamente

Soy capaz
de decir «no»
cuando es
necesario

El éxito es
importante
para mí,
y no le tengo
miedo

Mi aparato
digestivo, sobre
todo el estómago,
funciona bien

Cuando tengo
un proyecto,
me gusta ponerlo
en marcha
y acabarlo

Si lo merezco,
soy capaz
de pedir un
aumento

Prefiero
tener el
control

Soy una
persona
segura de mí
misma

Sé hacia
dónde voy y no
permito que nadie
me aparte del
camino

Me gusta
estar
ocupado

Soy poderoso

El chakra amarillo del plexo solar está relacionado con la energía, la FUERZA DE VOLUNTAD y el elemento FUEGO.

Su nombre en sánscrito es *Manipura*, que significa «joya brillante». Cuando funciona bien, nos brinda las joyas relucientes de la fuerza, la vitalidad, la SEGURIDAD EN UNO MISMO y la transformación.

Podríamos decir que es nuestro cargador personal, el cohete acelerador que nos ayuda a avanzar, a LOGRAR lo que nos propongamos. La energía del plexo solar está mucho más centrada que la del chakra sacro.

Un chakra del plexo solar sano se relaciona con un EGO SANO. Cuando funciona bien, sabe lo que quiere CONSEGUIR y va a por ello. Le ayuda a establecer límites y a dejar de enredarse en los problemas de los demás. Si desea contar con un chakra del corazón abierto y generoso, necesita un plexo solar fuerte que lo apoye; de ese modo no se quedará sin energía (más información en la página 83). Este chakra se relaciona especialmente con las edades de 15 a 21 años, cuando los adolescentes experimentan con su identidad y avanzan hacia una vida adulta independiente.

Recibe su nombre de la maraña de nervios conocida como «plexo solar» («solar» porque irradian como rayos de sol), situada entre el ombligo y el esternón. Esta zona también incluye el estómago, el hígado y las glándulas suprarrenales. Como todos los chakras medios, se proyecta hacia delante y hacia atrás.

Esta zona también es la responsable de la INTUICIÓN. Y es capaz de decirle de inmediato si ha conocido a la persona con la que se casará, o si acaba de entrar en la casa que va a comprar. Se percibe como una ilusión, una certidumbre o un movimiento de avance en la boca del estómago. Este tipo de decisiones importantes resultan sorprendentemente fáciles y positivas; el cerebro no interviene en el proceso de toma de decisión.

Por el contrario, si siente un temor profundo en el plexo solar, podría tratarse de una advertencia para que cambie de dirección de inmediato. Es un ANTIGUO MECANISMO DE SUPERVIVENCIA; el cuerpo necesita advertirle de algo peligroso o que no es de fiar. Esta intuición arraigada en el cuerpo físico es muy distinta a la intuición cerebral, más elevada, del tercer ojo.

Cuando el
chakra del plexo
solar está equilibrado

Cuando su plexo solar funciona bien, tiene mucha ENERGÍA. Puede hacer muchas cosas y no le supone un esfuerzo. Entiende el principio de que si continúa en la dirección correcta, acabará llegando al punto donde desea estar.

Aunque dispone del mismo tiempo que el resto de las personas, posee el misterioso don de utilizarlo bien. Es ORGANIZADO y CENTRADO. Mientras otras personas hablan de ir al gimnasio, aprender a tocar la guitarra o reservar entradas para un espectáculo, usted se pone manos a la obra y lo hace.

Posee una gran FUERZA y ENTUSIASMO, e inspira a otras personas con su actitud positiva. Es posible que ejerza una autoridad natural en su familia o que sea un buen jefe en el trabajo. Si cree en lo que hace, también será un empleado modelo porque toma la iniciativa, se esfuerza y es de fiar para realizar un buen trabajo sin tener que perseguirle.

Si surgen problemas, no duda en tratar de solucionarlos. Una palabra clave en el chakra es TRANSFORMACIÓN. Sabe que con la energía centrada casi todo (incluyendo usted mismo) se puede transformar, mejorar o sanar. Esta creencia fundamental le aporta SEGURIDAD y una ACTITUD POSITIVA. Dado que busca soluciones, o peldaños hacia sus objetivos, tiende a encontrarlos.

Este chakra se sitúa en el estómago, pero también se relaciona con un cerebro despejado y la INTELIGENCIA EMOCIONAL. Usted toma decisiones fácilmente y no se deja ahogar por los conflictos o las personas inseguras. Se mantiene firme, le resulta sencillo decir «No» y, si algo le parece inaceptable, es capaz de utilizar su rabia de manera constructiva para provocar cambios.

Cuando el chakra del plexo solar está equilibrado, puede sentirse como Superman o Superwoman; si le falta o le sobra fuerza, es más probable que se sienta como un felpudo o que entre en modo ansioso adicto al trabajo.

Identificar un
chakra del plexo solar débil o dañado

Cuando este chakra no está bien cargado, la persona en cuestión es como una linterna con las pilas casi agotadas: apenas brilla. TODO PARECE DEMASIADO GRANDE, demasiado abrumador. Levantarse por la mañana es un calvario, RESULTA DIFÍCIL DECIDIR qué se va a poner y es una lucha salir de casa a tiempo.

Es posible que tenga todo tipo de planes para incrementar su energía: hacer más ejercicio, comer mejor o dejar de fumar, por ejemplo. Sin embargo, sospecha que van a suponer un enorme esfuerzo. También es probable que tenga buenas intenciones respecto a encontrar un trabajo más interesante o emprender su propio negocio… pero no todavía. Mientras tanto, esa lista de todas las cosas que quiere hacer desde hace años (limpiar el desván, aprender a bucear o conducir por París en un deportivo mientras la brisa cálida le acaricia el pelo) parece completamente fuera de su alcance.

Parte del problema podría ser que otras personas no lo valoran. Y si CARECE DE DIRECCIÓN, es posible que se acerque a jefes o compañeros con chakras del plexo solar muy fuertes y egos muy desarrollados que le arrastrarán en la corriente de sus vidas. Otra posibilidad es que se «entierre» en un trabajo en el que no necesita tomar iniciativas, aguantando un TRABAJO RUTINARIO en una organización con una jerarquía rígida. La idea de salir de la jaula y pensar por sí mismo podría provocarle el pánico.

En la peor de las situaciones, podría acabar siendo la VÍCTIMA en una relación disfuncional abusiva, en casa o en el trabajo. Y aunque las cosas no sean tan negativas, es posible que se considere la víctima en lugar de hacerse valer o marcharse.

Entre los motivos de un chakra del plexo solar débil están los de unos padres o profesores muy controladores, lo que significa que nunca aprendió las habilidades para motivarse o defenderse en su adolescencia. Suspender exámenes en el colegio, un fracaso en un negocio o un accidente grave (sobre todo si fue usted el responsable) pueden hacer que pierda la confianza en sí mismo y NO DESEE INTENTARLO de nuevo. El acoso escolar o laboral, o el maltrato por parte de la pareja, también pueden hacer que el plexo solar se quede sin energía.

Identificar un
chakra del plexo solar excesivamente desarrollado

Lo más habitual es que este chakra se desarrolle en exceso para afrontar el ritmo frenético de la vida moderna, en la que corremos más y más simplemente para permanecer en el mismo sitio (como un hámster en una rueda). Consigue muchas cosas, pero no tiene tiempo para disfrutar de los resultados de su esfuerzo, ya que el deseo de obtener más le impulsa a pasar al siguiente proyecto. Le CUESTA DESCONECTAR y podría sufrir de insomnio.

Puede que sea competitivo, o no, con otras personas, pero sin duda es COMPETITIVO CONSIGO MISMO, incluso un perfeccionista. Pone el listón muy alto: para moverse más rápido, ganar más, hacerlo todo mejor.

Aunque es capaz de mantener a raya las exigencias de otras personas, es posible que le cueste decirse «No» a sí mismo. Podría destacar en sus objetivos en el gimnasio, o sentirse impulsado a mantener actualizadas sus redes sociales. Se trata de tener su cuerpo y su cerebro ocupados en todo momento. Es posible que sea pasional, nervioso e IRRITABLE. Si sus glándulas suprarrenales están saturadas, incluso podría acabar quemado.

Las ADICCIONES son especialmente relevantes para este chakra. Lo que comenzaría como un impulso del chakra sacro (el placer de fumar un cigarrillo, o jugar una partida de Candy Crush, por ejemplo) podría derivar en un impulso del plexo solar, una fuerza impulsora que escapa a su control.

Si este chakra es muy dominante, puede convertirse en una persona insensible y EGOCÉNTRICA. Lo que quiere hacer es prioritario, y se irrita si alguien se interpone. En casos extremos podría convertirse en UN ABUSÓN que intimidará a todos los que le rodean para sentirse más poderoso.

¿QUE LE OCURRE AL FLUJO SI EL CHAKRA DEL PLEXO SOLAR NO ESTÁ EQUILIBRADO?

Si a este chakra le falta fuerza, las ideas que fluyen en sentido descendente desde nuestro ser más elevado se estancan, ya que no hay fuerza de voluntad para hacer que sucedan.

Si el chakra está excesivamente desarrollado, a la energía le cuesta fluir hacia arriba. Podemos quedarnos atascados en el esfuerzo de ser importantes en el mundo, o derrochar nuestros talentos entre tanto ajetreo, siempre con prisas para hacer muchas cosas pero sin lograr nada que tenga un auténtico significado para nosotros.

Caso práctico

CUANDO EL CHAKRA DEL PLEXO SOLAR SE ENCUENTRA DÉBIL

Olivia tenía un trabajo estable. No le gustaba, pero no hacía nada para cambiar. Quería encontrar novio, pero no le convencía la idea de utilizar una aplicación de citas, y estaba demasiado cansada para salir. Deseaba dejar de fumar, pero tampoco hallaba el momento para eso.

En realidad no tenía motivación para cambiar su vida hasta que su hermano pequeño fue a vivir con ella. Estaba tan deprimido que acababa con toda la energía de Olivia. Ella no se daba cuenta de lo enferma y cansada que le hacía sentir la situación hasta que se fue de vacaciones. Lejos de su hermano se sintió viva por primera vez en meses. Llegó a la conclusión de que quería trabajar en el extranjero, pero sentía que no podía dejar solo a su hermano.

En el tratamiento para Olivia tuve que limpiar muchas capas de energía de su cuerpo antes de llegar a sentir algo de energía en su chakra del plexo solar. Primero limpiamos la depresión de su hermano, colgada como una nube negra alrededor de todos sus chakras. A continuación despejamos una capa densa de culpabilidad familiar, aferrada a su cuerpo como un traje de neopreno. Debajo, su plexo solar tenía un hermoso brillo amarillo, pero era muy débil.

Analizamos la manera de aumentar su energía. Olivia admitió a regañadientes que le gustaría dejar el café, el chocolate y el tabaco. Estuvo de acuerdo en empezar con pequeños pasos, tomando un vaso más de agua al día con su primer café y saliendo a caminar cinco minutos mientras se fumaba su primer cigarro, a la hora de la comida. De ese modo tenía más probabilidades de realizar cambios permanentes, ya que su cuerpo no intentaría sabotearla.

Limpiamos dos vidas pasadas. En la primera, el espíritu de Olivia era el de una anciana que intentó huir de un terremoto, pero quedó atrapada bajo los escombros y murió. Sus pensamientos en el momento de la muerte eran estos: «No debería haberme movido. Tendría que haberme quedado donde estaba». En la segunda vida, su espíritu era el de un joven que actuaba de manera precipitada, se metía en una pelea y acababa muerto a puñaladas. Olivia tenía la intensa sensación de que el asesino se había reencarnado en su hermano. Empezó a entender por qué sentía ese miedo visceral ante la idea de enfrentarse a él, y de pasar a la acción en general.

Después de nuestra sesión, Olivia anunció a sus padres que no podía ocuparse de su hermano para siempre, y a su hermano le explicó que estaba pensando en irse a vivir al extranjero. Está buscando trabajo, y para mejorar su currículum trabaja como voluntaria para una organización ambiental.

Cómo sanar el
chakra del plexo solar

El trabajo con el plexo solar puede devolverle la chispa y ayudarle a recuperar su energía.

Si ya siente ansiedad ante la idea de que va a resultar difícil, recuerde que no es necesario que lo haga. Tómese las cosas con calma y elija una o dos ideas para devolver algo de fuego y pasión a esta zona.

Si sospecha que su plexo solar gira con excesiva rapidez, existen algunas soluciones para calmarlo y ralentizarlo.

Pensar en el
AMARILLO

El chakra del plexo solar está relacionado con el color amarillo. Cada vez que observe algo de un color de este espectro, es un recordatorio para concentrase en él.

Esté atento a limones, girasoles y narcisos; balas de paja y heno; la mostaza en su plato, un lápiz nuevo, la llama de las velas, la arena de la playa, las imágenes de leones y antílopes, la hebilla de su reloj de pulsera o el destello de un anillo de oro. Si hace sol, observe cómo hace que reluzca todo lo demás.

Póngase algo amarillo, aunque sea pequeño (por ejemplo, una camiseta con algún motivo amarillo; puntuación doble si la parte amarilla queda sobre el estómago). También puede encender una vela (para recordar el nexo con el elemento fuego) o poner unas flores amarillas junto a su ordenador (para acordarse de ser productivo).

Mientras trabaja en este chakra, puede recopilar objetos para montar un pequeño altar o publicar imágenes de cosas amarillas en las redes sociales para centrar su intención.

Alimente su
chakra del
plexo solar

Según los estudios, los alimentos amarillos poseen el color con más probabilidades de hacernos felices, tal vez porque lo asociamos con el sol.

Esté atento a las frutas amarillas: plátanos, limones, pomelos, piñas y carambolas, así como a las variedades doradas de manzanas, peras, ciruelas, melocotones, nectarinas y melones.

Entre las hortalizas amarillas figuran el maíz, los pimientos, la calabaza y las flores comestibles de calabacín. También existen numerosas verduras con variedades doradas poco frecuentes: tomates, calabacines, judías, patatas, remolacha, nabos, setas y la extraordinaria coliflor amarilla fosforescente. Entre las especias amarillas figuran el azafrán y la cúrcuma dorada.

Casi cualquier plato con huevos, queso o maíz tendrá tonos amarillos: huevos revueltos, tortilla, natillas, queso rallado, polenta y cualquier preparación con una costra dorada.

Cuando tome estos alimentos, impóngase la intención de utilizar su maravilloso y optimista color para reforzar su chakra amarillo. Si siente ansiedad o estrés en el estómago, respire un par de veces antes de empezar a comer y mastique bien cada bocado.

Sane su

cuerpo físico

Si desea sentirse con más energía y fuerza, empiece por su cuerpo físico.

CAMBIE SU POSTURA

Las personas seguras de sí mismas tienden a mantener la espalda recta; las que se dejan pisotear son literalmente incapaces de hacerlo y se encorvan. Y las personas dominantes suelen sacar pecho y estómago.

¿Se siente débil o agobiado? Pruebe a enderezar la espalda, en una postura de poder como la de Wonder Woman, con los pies firmes en el suelo, la cabeza hacia arriba, los omóplatos hacia abajo y las manos sobre las caderas. Según Amy Cuddy, psicóloga de Harvard y autora de *El poder de la presencia*, dos minutos en esta postura bastan para calmar las hormonas del estrés, estimular la testosterona y aumentar sus posibilidades de que le contraten. Para intensificar la alegría del momento, mire hacia arriba durante unos segundos y sonría. Si tiene los músculos abdominales débiles, apúntese a unas clases de pilates o yoga, o realice unos buenos abdominales de toda la vida.

PURIFIQUE SU DIETA

¿Sospecha que su estómago y su hígado irían mejor con un poco de depuración? Tome más sopas, ensaladas o batidos verdes y reduzca el consumo de alcohol y grasas.

SIMPLEMENTE HÁGALO

Si la idea del ejercicio se le resiste, no se preocupe: empiece poco a poco. Reúna el entusiasmo suficiente para ponerse las zapatillas y salir a la calle. Es posible que continúe caminando.

El ejercicio calma las hormonas del estrés y es capaz de eliminar la desagradable sensación que provoca la procrastinación. Si consigue realizar algo de ejercicio aeróbico, incluso sentirá una subida de endorfinas, que mejoran el estado de ánimo.

RESPIRACIÓN DE FUEGO

La respiración de fuego, o *Kapalabhati*, es una forma de respiración de yoga rítmica en la que se utilizan los músculos del estómago para expulsar aire por la nariz. Estimula el chakra solar y genera calor, masajea el sistema digestivo y ayuda a recuperar el control cuando nos sentimos estresados.

1 Siéntese en una postura cómoda e INSPIRE profundamente por la nariz.

2 Encoja con rapidez la parta alta del estómago hacia la columna vertebral. Se estimula el diafragma y se exhala con rapidez, en un solo soplido, a través de la nariz.

3 Relaje el estómago y el aire volverá a fluir hasta los pulmones de forma natural.

4 Continúe encogiendo y soltando el estómago hasta alcanzar un ritmo bastante rápido.

Conecte con su
chakra del plexo solar

El chakra del plexo solar conecta con el elemento fuego. Esta sección trata sobre métodos para pensar en la fuerza, permanecer tranquilo y establecer límites.

TRABAJE CON EL FUEGO

El símbolo del plexo solar es un loto de diez pétalos en cuyo centro se encuentra un triángulo boca abajo que representa el fuego. Cada vez que encienda una cerilla o una vela, es un recordatorio de que está trabajando en este chakra y en su fuerza. Uno de los métodos más sencillos de equilibrar y sanar este chakra consiste en observar un fuego.

El fuego que nos influye a diario es, por supuesto, el sol. Deberíamos obtener el 90 % de la vitamina D del sol. Si se siente desmotivado y aletargado, pruebe a pasar más tiempo al aire libre, con el rostro hacia el sol. Hágase un análisis para comprobar sus niveles de vitamina D.

PIENSE EN EL PODER

Cierre los ojos y pregúntese quién representa el auténtico poder para usted. Si su cerebro le habla de alguien desagradable, como un jefe psicópata, reformule la pregunta: ¿quién representa el tipo de poder que desearía tener? Es posible que le sorprenda la respuesta. Sin duda, se trata de una pista sobre cómo le gustaría dejar su propia huella en el mundo.

MANTENGA LA CALMA

Pruebe a alejarse y respirar la próxima vez que sienta que el estómago se le tensa debido al estrés.

PROTEJA SU FUEGO

Si cualquiera de sus chakras se encuentra estancado en una posición totalmente abierta, o si trabaja en un lugar emocionalmente tenso, como una oficina o un hospital, podría sentirse enfermo o agotado. Un muy buen modo de protegerse consiste en colocar escudos energéticos alrededor de su cuerpo. Todos sus chakras pueden beneficiarse de alguna forma de protección psíquica, en especial el corazón, pero el del plexo solar centrado y ardiente será el que haga que ocurra.

Al concentrarse en este chakra podrá establecer límites saludables, cuidar de su propia energía y lograr lo que se proponga. Cuantas más cosas ocurran a su alrededor, más importante es la protección.

Si alguno de sus chakras está cerrado y no lo atraviesa suficiente energía, proteger su fuego también puede impulsar el chakra o los chakras en cuestión. Cuando se sienten seguros, los chakras sensibles (como el de la garganta) se sienten también más valientes para abrirse y expresarse.

Una de mis pacientes ya curadas trabaja en un hospital con mucho movimiento y estuvo a punto de dejar el tratamiento porque se sentía destrozada todos los días. Todo cambió cuando empezó a realizar ejercicios de protección psíquica cada mañana, en el tren de camino al trabajo. Creo que si a ella le funciona en la sala de urgencias, puede funcionar para cualquiera.

Veamos algunas técnicas sencillas:

○ Envíe raíces energéticas desde su chakra raíz y sus pies (*véase* pág. 44).

○ Imagine que acumula toda su energía alrededor de su cuerpo como una segunda piel (también sirve imaginar que se tapa con ella como una manta). De ese modo centra su campo energético y, literalmente, se siente menos disperso.

○ Imagine que lleva energía amarilla del chakra del plexo solar a su estómago, desde la parte delantera y desde la trasera. Visualice cómo se unen las dos corrientes en una bola reluciente de energía amarilla justo por debajo de la caja torácica. Pida a esa maravillosa, poderosa y ardiente energía que asuma la intención de protegerle durante todo el día.

○ Con ese objetivo en mente, cierre el resto de chakras empezando por el superior. Imagine que cierra los pétalos de cada chakra, como una flor que se cierra al final del día. O imagine que cierra una pequeña puerta de color delante de cada chakra. Elija la imagen que mejor le funcione.

○ Imagine que coloca un cristal protector delante y detrás de cada chakra: amarillo en representación del fuego, o turmalina negra si necesita algo más sólido. También puede hacerlo físicamente (más información sobre cristales en la página 172).

○ Imagine que deja caer una hermosa burbuja protectora de energía dorada sobre su cabeza. Personalmente, no quiero bloquear toda la energía exterior, ya que considero que mi vida resultaría demasiado anodina. Por tanto, pido a la burbuja que sea de alta tecnología y semipermeable, de modo que todo lo que quiero y necesito para la vida normal pueda atravesarla (oportunidades, ideas inspiradoras y una buena conexión con las personas a las que quiero, entre otras cosas). Dicho esto, puede pedir a la burbuja que se endurezca como cristal blindado cuando aparezcan energías desagradables o desconocidas (sobre todo si no es su responsabilidad). Cuanto más practique, más fácil le resultará.

○ Si alguien le dirige una mirada desagradable de manera inesperada, o si escucha un comentario hiriente, también puede ponerse su armadura de emergencia. Imagine que coloca rápidamente una pantalla de energía dorada y ardiente delante de su cuerpo, con un espejo extra sobre su corazón (o sobre el auricular de su teléfono), para que la energía desagradable rebote hacia esa persona.

○ Si empieza a sentir que se queda sin energía en un lugar muy concurrido, o si está teniendo un día difícil, repita todo el ejercicio varias veces. Cuando llegue a casa, también puede limpiar su campo energético imaginando que se da una ducha de luz. *Véase* pág. 171.

Meditación para el chakra del plexo solar

CÓMO LLEVAR A CABO LAS COSAS DIFÍCILES

Si pregunta a alguien con un plexo solar saludable cómo consigue afrontar un trabajo difícil o rutinario, es posible que le mire sorprendido y le responda algo irritante del tipo «No lo había pensado. Simplemente, lo hago».

Es posible que varias áreas de su vida funcionen con un «simplemente lo hago» sin problemas. Sin embargo, si tiene problemas que parecen complicados, aburridos o que le ponen nervioso, pruebe con algún ejercicio de trabajo energético para impulsar su chakra del plexo solar.

o Cierre los ojos e imagine una hermosa bola de luz dorada en la parte alta de su estómago, como un sol dorado suave. Respire de manera lenta y profunda, disfrutando de esa luz hasta que le calme.

o Cuando se sienta relajado, puede aumentar la intensidad. Imagine que la luz es cada vez más brillante y potente, como el propio sol. Incluso podría transformarse en una hermosa llama. Imagine la luz o el fuego como un sentimiento de entusiasmo y seguridad en su estómago. Deje que el color y la sensación fluyan por su cuerpo hasta sentir un hormigueo de entusiasmo en las manos y los pies.

o Si siente resistencia en alguna parte de su cuerpo, pida a la luz que la disuelva o a la llama que la queme.

o A continuación, con toda esa fuerza y ese poder en su interior, visualícese realizando la tarea sin ninguna dificultad. Imagine sus brazos, sus piernas, sus ojos y sus manos llenos de confianza; vea y sienta de manera precisa lo que hacen.

o Por último, visualícese feliz y seguro con la tarea que acaba de realizar. Puede que vea ese informe escrito e impreso, o que se vea en el gimnasio, sonriendo después de una dura sesión.

o Puede adaptar este ejercicio para el plexo solar para casi cualquier situación, y si lo repite varias veces, para que resulte más intenso, se sorprenderá de su efectividad.

Chakra del
corazón

Nombre en sánscrito	*Anahata* (significado: no golpeado)
Comúnmente conocido como	Chakra del corazón, chakra verde
Número	Cuatro, el cuarto chakra
Ubicación	Centro del pecho, en la zona del corazón físico
Asociaciones	Amor incondicional, compasión, sanación; desapego saludable; equilibrio
Órganos relacionados	Corazón, pulmones, parte alta de la espalda, omóplatos, brazos y manos
Sentido	Tacto
Elemento	Aire
Edades	22-28 y 71-77
Cuando está equilibrado	Visión benévola del mundo, pensar bien de los demás; amabilidad consigo mismo y con los demás; capacidad de mantener límites emocionales; estar presente
Cuando está débil o dañado	Dificultad para dar o recibir amor; autoestima baja
Cuando está muy desarrollado	Hipersensibilidad; agotamiento por dar demasiado amor y verse arrastrado por los dramas emocionales de los demás
Símbolo/*yantra*	Loto de 12 pétalos; los dos triángulos entrelazados en el centro representan la materia y el espíritu, así como lo masculino y lo femenino
Frases	Amo, soy amado, soy cariñoso
Cristales	Pruebe con cristales verdes o rosas, como la aventurina verde y el cuarzo rosa, para alimentar la autoestima, incrementar la capacidad de sanar a los demás y permanecer equilibrado

Soy emocionalmente sensible

Me resulta fácil ponerme en la piel del otro

Me gusta ayudar a los demás, sobre todo si tienen problemas

Soy acogedor

Tengo buen corazón

Me siento querido

Me siento responsable de otras personas y de cómo se sienten

A veces lloro con las películas tristes (y con las que no lo son)

Me cuesta decir «No»

Disfruto de la soledad

Soy empático; la felicidad y el dolor de los demás me afectan

Haría cualquier cosa por mis amigos

Las palabras desagradables me afectan mucho

No me cuesta decirle a mi pareja ni a mis amigos que los quiero

Soy una buena persona. Estoy bien

Soy cariñoso

El hermoso chakra del corazón representa el amor incondicional, la sanación y la conexión benévola con el mundo.

En su desplazamiento por los colores del arco iris de los siete chakras, el chakra verde del corazón representa el punto medio entre la tierra y el cielo. Conecta los tres chakras inferiores, terrenales, con los tres superiores, etéreos. Es el centro del puente arco iris, el punto de equilibrio entre la materia y el espíritu, la tierra y el cielo.

Este chakra presenta dos aspectos importantes: la capacidad de AMAR y SER AMADO, ya que un chakra del corazón sano puede recibir tanta energía como transmite. No se trata solo de querer y cuidar a la pareja, los amigos y los hijos, sino también de permitirles que lo quieran y lo valoren.

Parte del proceso de apertura del chakra del corazón consiste en gustarse y quererse uno mismo. Si esta idea le parece extraña o le hace sentir incómodo, piense que consiste en tratarse a uno mismo con la AMABILIDAD y el RESPETO que dispensa a las personas que aprecia.

Si el chakra del plexo solar se relaciona con el desarrollo de la conciencia de uno mismo, el chakra del corazón trata sobre empezar a darse cuenta de que todos estamos CONECTADOS. Parte del viaje espiritual ascendente a través de los chakras consiste en percibir la chispa divina en todos y en todo (también en la tierra). Podemos percibir atisbos en todos los chakras, en especial en el chakra corona, pero cuando sentimos esa conexión en el centro, el corazón, resulta RECONFORTANTE (como estar suspendido en un baño tibio de energía amorosa). Al conectar de manera consciente con esa energía amorosa en el universo, podemos SANAR a otros y a nosotros mismos.

El chakra del corazón se sitúa en el centro del pecho. Además de gobernar el corazón físico, también se encarga de los pulmones, la parte central de la espalda, los omóplatos, los brazos y las manos. Se asocia con las edades de 22 a 28 años, pero según mi experiencia, cuando llegamos a los chakras altos, el rango de edad pierde importancia.

Cuando el
chakra del
corazón está equilibrado

Cuando el chakra del corazón funciona bien, para los demás es un placer tenerle cerca. Es una persona cariñosa, POSITIVA, que piensa lo mejor de los demás. Como un perro fiel, no le importa demostrar lo mucho que le GUSTA ver a las personas que aprecia y quiere.

Dado que es una persona HONESTA, puede expresar sus sentimientos y NO JUZGA a los demás cuando le revelan los suyos. No manipula y puede ir más allá de la conversación superficial sin dificultad, creando así relaciones sólidas e íntimas.

Es una persona EQUILIBRADA y con inteligencia emocional. Así, si los demás se comportan mal o hablan con brusquedad, no se lo toma como algo personal ni permite que le saque de sus casillas. Es COMPASIVO y disfruta ayudando a los demás, pero puede mantener la distancia suficiente para no ser manipulado o verse atrapado en dramas ajenos.

Es posible que se PREOCUPE por los demás por naturaleza, ya sea de manera consciente (como enfermero o sanador) o semiinconsciente (como la figura materna o paterna en la oficina). Además, ese comportamiento funciona a un nivel más profundo. Si su chakra del corazón está equilibrado, no es necesario que haga o diga nada: los demás se sienten mejor con su sola presencia.

Desde el punto de vista físico, su corazón y sus pulmones son FUERTES, mantiene una postura erguida y sus hombros son bastante FLEXIBLES. Este chakra se relaciona con el elemento aire. Cuando funciona bien, la energía fluye a través del chakra del corazón, como el aire que entra y sale de manera fluida de unos pulmones sanos.

Cuando el chakra del corazón está desequilibrado, la historia es muy distinta. Este chakra puede estar falto de fuerza, sobrecargado o incluso con una mezcla de ambos extremos.

Identificar un
chakra del
corazón débil o dañado

Cuando el chakra del corazón no gira adecuadamente, la energía tiene dificultades para entrar o salir. Es posible que tenga una AUTOESTIMA BAJA y que sienta que NO ES DIGNO DE SER AMADO. Cuando recibe cumplidos, cariño o amor, ni siquiera se da cuenta o se retrae.

Si su chakra del corazón está muy cerrado, podría dar la impresión de que es una persona fría o INSENSIBLE. Cuando flotan emociones intensas en el aire, es posible que se retire porque se siente incómodo, y confía en su instinto o en su cerebro frío y lógico. Puede que no vea la utilidad de un chakra del corazón tierno y cariñoso, pero sin él, su comportamiento podría resultar desconcertante o incluso HIRIENTE, y tendrá menos posibilidades de desarrollar relaciones satisfactorias.

Si su corazón ha sufrido mucho en el pasado debido a unos padres difíciles, acoso escolar, el final de una relación o la muerte de un ser querido, podría SENTIRSE HERIDO, con el corazón roto, y eso duele mucho. Como el tejido cicatricial sobre una herida, su chakra del corazón se cierra de forma temporal o permanente. De ese modo no experimenta dolor nunca más.

Cuando mis clientes en proceso de sanación han perdido a un ser querido, suelen presentar una gran barrera energética sobre la zona del corazón. Esa barrera impide que mis manos se acerquen. Siempre lo respeto, porque el corazón necesita estar solo durante un tiempo para sanar. Puede tardar meses o años, pero incluso un chakra del corazón traumatizado puede volver a abrirse, y la persona puede amar (y ser amada) de nuevo.

Identificar un
chakra del corazón excesivamente desarrollado

Cuando el chakra del corazón gira demasiado rápido o está del todo abierto, la persona se encuentra a merced de las emociones de los demás.

Quizá sea HIPERSENSIBLE y sienta físicamente si alguien es infeliz o está pasando por una etapa dolorosa. Como una antena parabólica, su corazón detecta tantas frecuencias emocionales que puede sentirse AGOTADO en las grandes reuniones familiares o en los lugares con mucha gente, como aeropuertos y supermercados.

Como reza el dicho, las personas son radiadores o desagües. El primer tipo irradia energía positiva; el segundo, absorbe la fuerza vital de los demás. Si su chakra del corazón está totalmente abierto, tiene que tomar precauciones contra los vampiros de energía, que se aprovecharán de su bondad.

Le resulta muy sencillo verse atrapado en DRAMAS EMOCIONALES y es un alma cándida ante cualquier tipo de historia lacrimógena. Cuando siente el dolor ajeno con tanta intensidad, puede remover cielo y tierra para ayudar a los demás a sentirse mejor, tanto si le han pedido apoyo como si no. En lo más profundo de su ser sabe que los problemas de los demás no son su obligación y que necesitan esas lecciones emocionales para madurar, pero eso no le impide intentar arreglar sus problemas o rescatar a los afectados.

Otra alternativa es que sea una persona extremadamente DRAMÁTICA Y DEPENDIENTE que muestra sus sentimientos de manera inadecuada y absorbe el tiempo y la energía de los demás.

¿QUÉ LE OCURRE AL FLUJO SI EL CHAKRA DEL CORAZÓN NO ESTÁ EQUILIBRADO?

Dado que se trata del centro del puente arco iris, el chakra del corazón debería ser el punto de equilibrio, quietud, paz y calma.

Si está desequilibrado, a la energía le resulta difícil fluir hacia arriba o hacia abajo. Su parte terrenal y su parte espiritual podrían tener grandes dificultades para integrarse.

Caso práctico

CUANDO EL CHAKRA DEL CORAZÓN ESTÁ DEMASIADO ABIERTO

Alice es una de las personas más amables que he conocido en mi vida. Su mayor placer consiste en hacer felices a los demás, y casi siempre tiene una sonrisa en los labios. Por extraño que parezca, Alice se casó con un hombre mezquino, gruñón y rudo. Cuanto más irritable se mostraba, más se esforzaba Alice por hacerle feliz. Su jefe también era arisco y desagradable, pero Alice continuó cuidando de todos sus compañeros durante años y manteniendo un ambiente lo más agradable posible.

Alice pidió cita conmigo porque tenía dolor de estómago con frecuencia, y sospechaba que podía tratarse del síndrome del colon irritable. Su chakra del corazón estaba completamente abierto y brillaba como un foco. Sin embargo, en su chakra sacro percibí la imagen de un mozo de almacén agobiado ante un montón de paquetes. Ese chakra quería decirle que estaba harto de que el chakra del corazón fuese tan generoso y se encargase de tantas cosas, ya que los problemas de los demás iban a parar a su estómago, donde se acumulaban. Pedí a Alice que imaginase que abría algunos paquetes y, para su sorpresa, estaban llenos de estiércol marrón. Empezó a entender que se estaba cargando con la basura de los demás, pero no podía procesarla.

Alice no quería dejar de ser amable. Le hacía feliz y le daba energía. Trabajamos para conectar el corazón con el plexo solar a fin de establecer límites emocionales más eficaces y, en especial, para evitar a las personas que no querían o no merecían su ayuda. Aceptó mi propuesta de llevar a cabo alguna protección psíquica y limpiarse energéticamente al final del día (más información en las páginas 83 y 171).

Cómo sanar el
chakra del corazón

Los ejercicios para equilibrar este chakra son menos prácticos que los dedicados a los chakras inferiores, pero se trabaja más con la energía y la intención.

Es posible que desee concentrarse en las sugerencias para abrir su chakra del corazón, para sentir la vida al máximo, y para dar y recibir más amor. O puede que le interesen más las sugerencias para ayudar a los demás sin agotar su propia energía.

Elija los puntos que considere más adecuados para usted y compruebe adónde le llevan. Si disfruta con ellos, podría probar también un taller de sanación o un curso de reiki.

La vida cotidiana también le enviará numerosas maneras de ampliar y sanar su chakra del corazón.

Pensar en el
VERDE

El chakra del corazón se relaciona con el color verde, un verde hierba intenso. Esté atento a otros verdes del espectro, desde el tono fresco y claro de las hojas nuevas hasta el verde oscuro y profundo de un bosque denso.

Si vive en el campo, verá verdes continuamente. Y aunque viva en la ciudad le sorprenderá la frecuencia con la que detecta este color.

Resulta inusual, pero este chakra también se asocia con el rosa claro. El rosa no encaja en el espectro del arco iris, pero es un color centrado en el corazón tan relajante que conviene añadir un toque de vez en cuando.

Observe cuántas cosas verdes detecta: los ojos de un gato, unas botas de agua de color caqui, unos pendientes de jade o un automóvil verde oscuro.

Póngase algo verde (doble puntuación si lo lleva sobre el pecho) o coloque una planta verde en el corazón de su casa.

Puede montar un pequeño altar: por ejemplo, con flores verdes u objetos con forma de corazón, o publicar imágenes de este color en las redes sociales. Como siempre, se trata de centrar su intención.

Alimente su
chakra del
corazón

Existen numerosos alimentos verdes; como en su mayoría son ricos en clorofila, resultan muy beneficiosos. Consuma verduras e ingredientes para ensaladas verdes: lechuga, aguacate, apio y pepino; la familia de las coles, incluyendo la rizada y el brócoli, y todo tipo de guisantes y judías. Incorpore también calabacines, puerros, alcachofas, espárragos, hinojo, *pak choi*, quingombó y variedades verdes de tomates, pimientos, calabaza, chiles y lentejas.

Entre las frutas verdes figuran la lima, el kiwi, las variedades verdes de manzana, pera, ciruela, uvas, grosellas y mangos, y si se atreve, zumo de hierba de trigo. En cuanto al rosa, incorpore a su dieta pitaya (si consigue encontrarla) o sandía.

Además, existe multitud de hierbas, semillas y frutos secos que permiten añadir un toque de verde a nuestros platos: entre otros, perejil, cebollino y albahaca frescos, así como pistachos, pipas de calabaza e incluso algas.

Cuando tome alimentos verdes (y rosas), impóngase la intención de utilizar este color saludable para sanar su chakra del corazón.

Dado que este chakra está relacionado con la sanación, también puede experimentar con el acto de bendecir su comida. Los estudios demuestran que cuando los sanadores envían energía y pensamientos amorosos al agua empleada para regar las plantas, estas crecen mejor y más sanas que el grupo de control. Pruebe a establecer la intención de envíar energía positiva a sus alimentos.

Sane su

cuerpo físico

Reconecte con su corazón y sus pulmones. ¿Qué necesitan?

MANTÉNGASE ERGUIDO Y ÁBRASE

Visite a un fisioterapeuta para desbloquear la zona del pecho. La mayoría de nosotros pasamos demasiado tiempo delante del ordenador o mirando el móvil. Resulta irónico que incluso cuando pulsamos «Me gusta» en Facebook o en Instagram, o enviamos emoticonos sonrientes a nuestros amigos (lo que debería ser positivo para el chakra del corazón), el movimiento repetitivo bloquea los músculos de la espalda y los hombros.

PRACTIQUE EJERCICIO AERÓBICO

Cualquier ejercicio es beneficioso, pero el aeróbico lo es en especial para el corazón y los pulmones. Ejercitarse al aire libre siempre es mejor que hacerlo en un gimnasio; contemplar hojas y césped alimentará todavía más su chakra del corazón.

RESPIRACIÓN SANADORA PARA USTED Y OTRAS PERSONAS

Respirar nos tranquiliza y nos ayuda a concentrarnos. Si añade unas palabras y toma conciencia de su corazón, la respiración puede convertirse en un sencillo ritual de sanación. Veamos tres técnicas. Puede experimentar con las palabras que prefiera.

1 EQUILIBRIO Aporta energía sanadora a su cuerpo y envía energía sanadora al mundo:

o Al INSPIRAR, piense en la frase «Inspiro armonía».

o Al ESPIRAR, piense en la frase «Espiro armonía».

o Repita durante unos minutos.

2 AUTOSANACIÓN Esta es una técnica excelente si se siente descontento, enfadado o con mal de amores:

o Al INSPIRAR, piense en la frase «Inspiro bondad».

o Al ESPIRAR, piense en la frase «Espiro dolor [o rabia, o la palabra que considere adecuada]».

o Repita durante unos minutos.

3 SANAR EL MUNDO Si se siente ambicioso, pruebe este ritual clásico practicado por los monjes budistas. Funciona utilizando el corazón como un filtro; por tanto, no lo practique si se siente sobrecargado:

o Al INSPIRAR, piense en la frase «Inspiro discordia».

o Al ESPIRAR, piense en la frase «Espiro amor».

o Repita durante unos minutos.

Conecte con su
chakra del corazón

El chakra del corazón se asocia con el elemento aire. Cada vez que sienta la brisa en su piel o el viento en su rostro, cada vez que inspire aire limpio, son recordatorios de este hermoso y ligero chakra. Esta sección también trata sobre el amor, la sanación y la conexión con el mundo que nos rodea.

ABRA SU CHAKRA DEL CORAZÓN

Veamos algunas prácticas muy sencillas para abrir el chakra del corazón:

o Sonría.

o Dé las gracias.

o Realice cumplidos, felicite. Si percibe algo que realmente le gusta, demuéstrelo. No se trata de hacer la pelota, que es un acto de falsedad y con una intención oculta.

o Pase tiempo con niños y mascotas: desencadenan la producción de oxitocina (conocida como la hormona del amor).

o Pase tiempo con personas honestas, que ven lo bueno que hay en usted y que se sienten cómodas consigo mismas.

o Hágase voluntario. Yo visito una residencia de ancianos, y cuando me voy después de cada visita me siento feliz y afortunada por haber compartido parte de mi tiempo con ellos.

o Busque algo, o alguien, a quien cuidar: una mascota, una planta, una persona.

o Haga planes firmes para ver a las personas que quiere.

o Vea películas románticas o familiares con final feliz.

o Acaricie a un animal, pida hora para un masaje, tome a alguien de la mano, dé y reciba abrazos, disfrute del sexo en una relación con amor... El chakra del corazón también está vinculado al sentido del tacto.

HÁBLESE CON AMABILIDAD

Un chakra del corazón sano guarda relación con el hecho de ser amable con uno mismo, no solo con los demás. Preste atención a cómo se habla a sí mismo. Si utiliza palabras y frases que no emplearía con su peor enemigo, es el momento de cambiarlas. Si le asaltan frases del tipo

«Estoy gordo/Soy inútil/Soy un desastre/He metido la pata hasta el fondo/Estoy horrible en esa foto/No soy deportista/No tengo talento/No tengo suerte/Soy estúpido/Debería ser capaz de hacer esto...»,

tome conciencia y la decisión de decirse cosas mucho más empáticas, como si estuviese siendo amable con un amigo o tranquilizando a un niño pequeño.

Si utiliza esa voz desagradable y despreciativa para motivarse o solucionar problemas, también puede bajar hasta el chakra del plexo solar, e imaginar a un entrenador personal agradable y positivo que puede ayudarle a encontrar maneras más constructivas de avanzar.

SEA AGRADECIDO

Un diario de gratitud constituye una de las maneras más sencillas de abrir el chakra del corazón.

Empiece anotando cualquier cosa que le guste o por la que se sienta agradecido: el agua caliente, la luz del sol entre las hojas verdes, una sonrisa de la cajera del supermercado, el tren que llega a la hora...

También puede anotar cosas agradables sobre sí mismo (sus largas pestañas, por ejemplo) o motivos por los que se siente agradecido por su cuerpo (piernas para caminar, oídos que disfrutan de la música, etcétera).

UTILICE MANTRAS CURATIVOS

Al parecer, un psicólogo hawaiano llamado Hew Len curó a todos los pacientes de un hospital de delincuentes con enfermedades mentales sin ni siquiera verlos, mediante la práctica tradicional de la reconciliación y el perdón conocida como Ho'oponopono. El doctor pasó tres años en su oficina, repasando sus notas y repitiendo cuatro frases sencillas y poderosas: «Te quiero. Lo siento. Por favor, perdóname. Gracias».

La idea consistía en asumir la responsabilidad de las partes oscuras de sí mismo, las partes dañadas, violentas o infelices, para reconocerlas y dejarlas ir. Al sanarse a sí mismo, estaba sanando la misma vibración energética de los pacientes del hospital.

Yo era escéptica con esta historia, pero probé la técnica y descubrí que era tan eficaz que ahora la enseño a otras personas. Descubrí que resulta especialmente útil con las personas afectadas por problemas ajenos que no hablan del tema ni buscan ayuda.

Pruebe esta técnica si tiene un familiar o un amigo que necesita sanar. También puede servir de ayuda si alguien se comporta de manera desagradable con usted y no tiene la opción de apartarse, o si alguien le ha hecho daño y todavía sufre por ello.

Siéntese o túmbese durante cinco minutos en un lugar seguro y tranquilo.

Piense en la persona en cuestión y repita estas frases:

o   Te quiero.

o   Lo siento.

o   Por favor, perdóname.

o   Gracias.

Tome conciencia de lo que ocurre en su cuerpo. Es posible que le sorprenda lo poderosa que resulta esta práctica y cómo puede cambiar sus relaciones a mejor.

Meditación para el chakra del corazón

EL BOTONES DE HOTEL

¿Qué hace si tiene un gran corazón y se carga con el equipaje emocional de otras personas? La protección psíquica puede ayudar (*véase* pág. 83), pero resulta difícil permanecer inalterable si tiene niños pequeños, si sus padres son mayores, o si sus amigos o su pareja necesitan su amor en un momento difícil.

Es posible que parte de esa energía (sobre todo de las personas que le importan) pase desapercibida para el radar emocional. No ocurre nada, sobre todo en las relaciones de cariño. Sin embargo, si su amable chakra del corazón no lo resiste y usted acaba sintiéndose ansioso y cansado, permítame que le presente al botones de hotel.

Probablemente, lo habrá visto en alguna película o en anuncios navideños: el botones sonriente con su uniforme y su gorra, cargado de maletas y compras. Su trabajo consiste en ayudar a los clientes con el equipaje, aligerar su carga y facilitar el trayecto desde el vestíbulo hasta la habitación.

Lo importante de un botones profesional no es solo que lleva el equipaje; además, lo deja cuando llega a la habitación, de modo que sus manos quedan libres. Sería ridículo si subiese las maletas y después las volviese a bajar, y que continuase con ellas durante los días siguientes. No estaría desempeñando bien su trabajo ni para los clientes antiguos ni para los nuevos.

Si es usted una persona de corazón y le encanta ayudar a los demás, necesita saber dejar el equipaje emocional. Sin duda, no tardará en llegarle más equipaje, día tras día. Si desea estar disponible para hacerse cargo de él, debe tener las manos libres.

- Con la imagen del botones en mente, imagine que está cargado de maletas y paquetes. Visualice una mochila pesada en su espalda. Si piensa mucho en los problemas de los demás, incluso podría llevar una pila de paquetes sobre la cabeza.

- Impóngase la intención de dejar las maletas y los paquetes. Imagine que deja las maletas en el suelo. Con las manos libres puede tomar los paquetes de la cabeza y quitarse la mochila pesada de la espalda.

- Flexione las muñecas y gire los hombros y el cuello.

- Respire profundamente.

- Perciba hasta qué punto su corazón se siente más libre.

- Impóngase la intención de que le hace feliz prestar ayuda de manera temporal, pero no cargar siempre con el equipaje emocional de los demás. (Encontrará otra opción de limpieza de chakras en la página 171).

Chakra de la garganta

Nombre en sánscrito	*Vishuddha* (significado: purificación, claridad)
Comúnmente conocido como	Chakra de la garganta, chakra azul claro
Número	Cinco, el quinto chakra
Ubicación	Parte delantera de la garganta, parte trasera del cuello
Asociaciones	Comunicación, transmitir su verdad, escuchar
Órganos relacionados	Cuello, garganta, hombros, boca, senos nasales, oídos
Sentido	Oído
Elemento	Éter
Edades	29-35 y 78-84
Cuando está equilibrado	Capacidad para expresarse con facilidad y eficacia, sin miedo
Cuando está débil o dañado	Voz reprimida; no le gustan los enfrentamientos; los demás le interrumpen cuando habla; problemas físicos como dolor de garganta, problemas en la boca, senos bloqueados, cuello y hombros rígidos, una sensación de que tiene un nudo en la garganta
Cuando está muy desarrollado	Voz muy alta; nunca deja de hablar o de interrumpir; tendencia a incordiar; los demás intentan ignorarle
Símbolo/*yantra*	Loto de 16 pétalos; el círculo dentro de un triángulo simboliza la manifestación del sonido
Frases	Hablo, escucho, soy sincero, soy auténtico, soy expresivo
Cristales	Pruebe con cristales azules, como aguamarina, turquesa, cuarzo aqua aura y turmalina azul para fomentar la buena comunicación

No me dejo pisotear (diría que soy asertivo, no agresivo)

Me gusta conversar

Soy capaz de expresar mi ira de manera constructiva

Disfruto escuchando a los demás

Me llaman la atención las voces bonitas

Soy bastante directo y honesto

Normalmente no ofendo a nadie porque soy prudente, aunque digo lo que pienso

La comunicación es clave para las buenas relaciones

He hablado en público (o me gustaría algún día)

Me gusta compartir en las redes sociales las cosas interesantes que escucho o leo

Disfruto escribiendo y expresándome bien (aunque solo sea en mensajes o correos)

Mi opinión es tan válida como la de cualquiera

Puedo abrir mi corazón a las personas que quiero porque sé que me aceptarán

A veces me gusta estar en silencio

Escuchar es tan importante como hablar

Soy expresivo

El chakra de la garganta, de color azul cielo, se relaciona con la comunicación, las palabras y el sonido. Si funciona bien, usted es capaz de HABLAR CON FRANQUEZA y EXPRESAR SUS EMOCIONES libremente. Está en ARMONÍA consigo mismo y con el mundo. Hablar le resulta sencillo y cómodo, igual que cantar (aunque solo sea en la ducha).

El chakra de la garganta es el primero de los tres chakras superiores, y la energía que lo rodea resulta delicada y ETÉREA. Cuando este chakra gira de manera adecuada, las palabras salen con facilidad. Puede hablar y ESCRIBIR CON ELOCUENCIA, y no le cuesta hablar en reuniones o en público.

Si lo que dice es lo que realmente siente y cree, y está muy bien alineado con el camino que se ha trazado, sus palabras serán muy poderosas. Las palabras de un chakra de la garganta evolucionado presentan una EXPRESIÓN ÚNICA de la persona que en realidad es. Aunque no hable demasiado ni se haga notar, si habla con INTEGRIDAD, sus palabras tendrán eco y lo escucharán.

Este chakra, situado en el cuello, apunta hacia delante y hacia atrás. Es el nexo vital entre la cabeza y el cuerpo. Además de la garganta y la laringe, conecta con la boca, los senos nasales, los hombros y la glándula tiroides. Resulta importante que también esté conectado con los oídos, motivo por el que este chakra se relaciona también con ESCUCHAR: a otras personas, a sí mismo, a su espíritu y a lo divino. Si OYE BIEN, podrá confiar en su guía interior. Cuando escuche a otras personas, además, será muy probable que se produzca una conexión y una comunicación auténticas.

Cuando el
chakra de la
garganta está equilibrado

Cuando el chakra de la garganta está equilibrado, la comunicación le resulta natural. Probablemente, tendrá una voz agradable, que transmite seguridad sin resultar estridente. ES CAPAZ DE EXPRESARSE con gran claridad sin ser agresivo. Piensa antes de hablar, por lo que se muestra tranquilo, sin emociones perturbadoras ocultas bajo la superficie.

Es posible que tenga un trabajo que implica hablar en público (por ejemplo, presentador o profesor). También es probable que se exprese a través de la música (con la voz o con un instrumento). O tal vez se gane la vida escribiendo en cualquiera de sus facetas, aunque muchas personas con un chakra de la garganta equilibrado se expresan en otros campos menos obvios.

Se conoce a sí mismo. SABE LO QUE NECESITA y no le importa pedirlo, aunque se expresa con tanta prudencia y diplomacia que a los demás les gusta escucharle y ayudarle.

Lo mejor de todo es que no se esconde detrás de una máscara protectora. Es una persona transparente. Puede que no sea perfecto, pero ES AUTÉNTICO y honesto; por tanto, parece una persona digna de confianza.

Identificar un
chakra de la
garganta débil o dañado

Cuando el chakra de la garganta está bloqueado, es posible que le cueste mucho expresarse. Hablar en público es uno de los grandes miedos de muchas personas (sorprendentemente, mayor que el miedo a la muerte, que suele aparecer en segundo lugar). Tal vez le resulte difícil expresar lo que piensa y siente, incluso en el día a día.

Es posible que su chakra de la garganta se haya atrofiado porque es una persona hipersensible y NO LE GUSTAN LOS ENFRENTAMIENTOS. Prefiere callar para no molestar o enfadar a nadie. Es probable que le cueste protestar, o que simplemente no diga nada cuando preferiría decir «No». Su voz será débil, casi inaudible, como si le faltase fuerza.

No obstante, un chakra de la garganta débil o dañado no se refleja únicamente en dificultades de comunicación con los demás. También es un síntoma de que NO SE COMUNICA DE MANERA HONESTA consigo mismo. En lugar de sentir y de expresar de manera plena sus emociones, las ahoga. Incluso puede sentirlo a nivel físico, como si tuviese un NUDO EN LA GARGANTA.

Si NO ES CAPAZ DE EXPRESAR SUS NECESIDADES de forma clara porque no entiende realmente cómo se siente, es poco probable que reciba apoyo. Si todo lo que dice no acaba de armonizar con sus verdaderos sentimientos, sus palabras podrían parecer falsas y los demás lo ignorarán o lo interrumpirán en las conversaciones.

Identificar un
chakra de la
garganta excesivamente desarrollado

Es un placer estar con personas con un chakra de la garganta equilibrado. Sin embargo, las personas con este chakra hiperactivo pueden convertirse en una carga: el compañero de trabajo con ese vozarrón que NUNCA SE CALLA, la persona que durante la cena explica una historia tras otra pero nunca pregunta nada, o el patán que en el tren grita «ESTOY HABLANDO POR TELÉFONO».

Si su chakra de la garganta está excesivamente desarrollado, es posible que le encante el sonido de su propia voz y que incluso se considere un buen comunicador. Sin embargo, si nunca deja de hablar e INTERRUMPIR (o, lo que es peor, de INCORDIAR), los demás lo evitarán. Si su chakra de la garganta no está conectado con su corazón, es posible que no se dé cuenta, o que no le importe, de lo insoportable que puede parecer.

Con suerte, su pareja o sus amigos le darán un codazo discreto cuando hable o se queje demasiado, pero si no cambia y NUNCA ESCUCHA, sus relaciones podrían deteriorarse. Descubrirá que las personas con las que quiere estar, incluyendo sus hijos, se convierten en sordas selectivas e ignoran lo que dice, se refugian en sus auriculares o lo evitan abiertamente.

¿QUÉ LE OCURRE AL FLUJO SI EL CHAKRA DE LA GARGANTA NO ESTÁ EQUILIBRADO?

Si al chakra de la garganta le falta fuerza, es posible que usted se sienta desvinculado de su cuerpo. Es un poco como contener un río: puede pensar sin parar, pero cuando la energía no fluye hacia abajo, su cabeza y su cuerpo sufren y los chakras no pueden darse apoyo unos a otros.

Si su chakra de la garganta está excesivamente desarrollado, es posible que invierta una gran parte de su tiempo y energía hablando, pero sin llegar a nada.

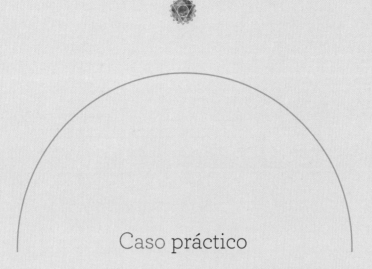

Caso práctico

CUANDO EL CHAKRA DE LA GARGANTA ESTÁ EXCESIVAMENTE CERRADO

Sam era una mujer maravillosa con un porte estupendo. Era profesora infantil de ballet y aseguraba que no tenía problemas en el trabajo; sus palabras parecían naturales y era capaz de llevar una clase de unas doce niñas. Sin embargo, en casa, su marido y sus dos hijas se mostraban desagradables e irrespetuosos con ella. Le costaba mucho hacerles frente o pedirles ayuda con la casa. Sam tenía dolores de garganta y cuello con frecuencia, y después de una discusión especialmente dura con una de sus hijas en la que se calló su opinión, tuvo laringitis y perdió la voz por completo durante tres días. Después de otra discusión unilateral con su marido, que hirió sus sentimientos, se despertó dos días con sangre en la boca por haberse mordido la lengua.

Los padres de Sam tenían caracteres muy fuertes, y de pequeña se esperaba de ella que fuese una niña obediente. Sus profesores de ballet fueron todavía más duros, de modo que nunca aprendió a expresar su punto de vista en su infancia. Sin embargo, su temor a expresarse parecía un problema más profundo que todo eso.

Durante nuestro trabajo juntas descubrimos varias vidas pasadas en las que la habían ahorcado, decapitado y cortado el cuello. Cuando las limpiamos, trabajamos en reforzar sus chakras inferiores para aumentar su valentía. A continuación los conectamos con su chakra de la garganta para reforzar lo que quisiera expresar. Sam afirma que ahora siente su cuello más libre y que su familia ha empezado a respetarla y apoyarla más.

Cómo sanar el
chakra de la garganta

Algunos de los métodos más eficaces para desbloquear este chakra implican el uso de la voz. Sin embargo, si era un niño tímido, si lo criticaban en el colegio o se crio en un entorno donde no se le permitía hablar, podría echarse a temblar ante la idea de trabajar con la voz.

No se preocupe, tenemos otras sugerencias.

Si sospecha que su chakra de la garganta va más rápido que un tren fuera de control (o sus seres queridos le envían señales claras de que habla demasiado), los ejercicios de escucha podrían ayudarle. Para conectar su chakra de la garganta con el resto de chakras, *véase* pág. 170.

Pensar en el
AZUL

El chakra de la garganta está relacionado con el color azul, en particular un precioso azul medio como el del mar y el cielo en un día soleado. Los psicólogos del color afirman que este tono resulta estimulante y relajante a un tiempo.

El color azul posee un espectro especialmente amplio. Además del azul cielo, fíjese en el turquesa y el aguamarina, el cobalto y el azul marino.

Cuanto más busque este color, más lo detectará. Compruebe cuántos objetos azules tiene en casa y cuántos ve por la calle: pantalones vaqueros, cubiertas de libro, la mujer del tren con el pelo azul pavo real...

Aunque viva en un lugar con clima lluvioso, no deje de mirar al cielo y verá su azul con mucha más frecuencia que antes. Mire hacia arriba y empápese del color siempre que pueda. Y lleve algo azul: puede empezar con una bufanda, una corbata o un collar (puntuación doble si lleva la prenda o el complemento alrededor de la garganta).

Puede preparar un pequeño altar con flores y otros objetos azules, o publicar imágenes azules en las redes sociales, para centrar su intención en este chakra.

Alimente su
chakra de la garganta

No existen muchos alimentos azules además de la espirulina (un suplemento alimentario natural y saludable a base de algas de color verde azulado); por tanto, en el caso de este chakra tendrá que ser un poco más creativo.

Puede añadir un bonito toque azul a las ensaladas, sopas, budines, bebidas... a casi cualquier plato, con flores azules comestibles como borraja, aciano, pensamiento, lavanda azul y arañuela.

También existen patatas con un curioso color azul oscuro y mazorcas de maíz azules. El maíz azul se utiliza sobre todo para palomitas y chips.

Existen alimentos con un azul más oscuro, como ciruelas y arándanos, además de los higos con flor azul.

Todos los alimentos, de cualquier color, siempre lucen mejor cuando se sirven en platos azules. También puede utilizar vasos de color azul claro para las bebidas.

Este chakra también se beneficia de alimentos líquidos como sopas y batidos, y de bebidas deliciosas como la miel con limón caliente: cualquier preparado que calme la garganta.

Dado que el nombre en sánscrito de este chakra es *Vishuddha*, que significa «purificación», centrarse en este chakra también puede ser una buena oportunidad para reducir el consumo de alimentos procesados, alcohol o tabaco.

Sane su

cuerpo
físico

Cuidar de su cabeza y sus hombros es bueno para el chakra de la garganta.

ESCUCHE

El chakra de la garganta gobierna el cuello, la garganta, los hombros, la boca, los dientes, los oídos, los senos nasales, la tiroides, la paratiroides y la parte superior del esófago y la tráquea. Es un buen momento para pedir hora para una revisión dental y una prueba de audición.

RELÁJESE

De todos los chakras, el de garganta es el que más se beneficia del movimiento físico regular. El cuello soporta el equivalente de una gran bola de bolos durante todo el día, por lo general en ángulos complicados (¿ha observado alguna vez a alguien escribiendo en su móvil, cómo su cabeza se inclina incómodamente hacia delante?). Así, no es de extrañar que acabe cansado y rígido. Cuando los músculos del cuello se tensan, la energía que fluye entre su cabeza y su cuerpo (y a través del chakra de la garganta) se puede bloquear y ralentizar.

o Mueva la cabeza poco a poco en un gran círculo: imagine que tiene un lápiz atado en la coronilla y que dibuja círculos gigantes en el techo.

o Gire los hombros adelante y atrás, y estire los omóplatos ligeramente hacia abajo: este movimiento elimina mucha presión del cuello y corrige la postura al instante.

o Imagine que una cuerda colocada en su coronilla tira de usted hacia arriba, de modo que permanece del todo erguido y alarga el cuello.

Si no acaba de sentir el cuello relajado, acuda a un profesional: es posible que necesite un masaje de cuello, clases de técnica Alexander o fisioterapia.

RESPIRACIÓN DE LA BALLENA AZUL

Si pide a un niño que dibuje una ballena, lo más probable es que garabatee un cuerpo grande, una cola pequeña y un gran chorro de agua que sale del espiráculo. Imagine el ZUMBIDO que se produce cuando la ballena lanza el agua al aire. Esa imagen puede resultar de ayuda para limpiar cualquier chakra, y es adecuada si siente que su garganta está bloqueada o falta de fuerza.

1 Cierre los ojos e INSPIRE. Concéntrese en su garganta. Imagine que inspira suavemente por el centro de su chakra de la garganta.

2 Mantenga el aire en sus pulmones y ESPIRE con fuerza, imaginando que la energía sale con intensidad por un espiráculo situado en su cuello.

3 Repita. Añada la intención de que cada ESPIRACIÓN limpie y despeje su chakra de la garganta (punto extra si hace un poco de ruido con la nariz).

Una variación de este ejercicio es la postura de yoga del león: se espira con fuerza y se saca la lengua, otro método adecuado para limpiar el chakra de la garganta.

Conecte con su

chakra de la garganta

El chakra de la garganta se vincula al elemento éter, una sustancia más fina y ligera que el aire. Esta sección también se centrará en el poder de las palabras y en métodos para expresarse.

SEPA POR QUÉ LAS PALABRAS Y LAS VIBRACIONES AMABLES SON IMPORTANTES

Las palabras y los sonidos poseen una energía y un patrón vibratorio muy específicos. Muchas religiones creen que el universo se creó con una palabra o un sonido primordial. Pero ¿las palabras y las vibraciones ejercen algún efecto en nosotros?

El investigador japonés Masaru Emoto pegó palabras como «amor» y «gratitud» a recipientes con agua, los congeló y fotografió los cristales de hielo: eran preciosos (igual que los que se expusieron a la música de Mozart y Vivaldi; *véase* pág. 188 para los detalles de su libro).

En cambio, con palabras como «estúpido» y «maldad», o con heavy-metal, los cristales resultaron ser totalmente distintos: irregulares, asimétricos y fragmentados.

¿Es posible sanar el agua? El doctor Emoto entregó a unos monjes agua contaminada para que la bendijesen. Rezaron y cantaron a su alrededor. Los cristales del agua bendita ofrecían un aspecto mucho mejor que los del agua sin bendecir.

Los seres humanos estamos compuestos de un 70 % de agua; por tanto, resulta casi indudable que las palabras y las vibraciones ejercen algún efecto en nuestros cuerpos.

EXPRESE SUS SENTIMIENTOS

¿Conoce el experimento de la manzana? Póngalo en práctica y compruebe por sí mismo por qué es importante expresar sus sentimientos con palabras.

○ Corte una manzana por la mitad y ponga cada mitad en un tarro limpio. Etiquete un tarro con la palabra «AMOR» y el otro con la palabra «ODIO». Ponga los tarros en esquinas distintas de la misma habitación.

○ Diga cosas bonitas a la manzana del AMOR. Trátela como a una mascota querida. Dígale lo bonita que es, cuánto la quiere, cómo admira el color de su piel reluciente.

○ Diga cosas desagradables a la manzana del ODIO. Compórtese con ella como la madrastra malvada de Cenicienta. Dígale que es un desastre, fea e inútil, que la desprecia.

○ Observe lo que ocurre.

Una amiga mía probó el experimento y el resultado fue sorprendente. La manzana del AMOR se conservó estupenda durante semanas. La del ODIO se encogió y se pudrió. Este experimento parece demostrar que si está enfadado o no es feliz, es importante expresar esos sentimientos. Deje que salgan de su chakra de la garganta y diríjalos a una manzana en lugar de dejar que se pudran en su interior. *Véase* también la sección sobre monólogo interior de la página 103.

CANTE

Cuando trabajaba en mi chakra de la garganta, me apunté
a lecciones de canto.

Al principio de la primera clase, el corazón me iba a cien
por hora. Tenía un nudo en la garganta y, cuando abrí la boca,
me salió una especie de graznido tembloroso. Sin embargo,
al cabo de unos minutos de risas y respiraciones, me olvidé
de los nervios. Transcurridas unas semanas, acompañada del
piano, cantaba a pleno pulmón temas de viejos musicales
(a veces incluso afinaba). Mi confianza mejoró muchísimo,
y estoy segura de que mi chakra de la garganta también.
Por tanto, ¿por qué no prueba algunos de los siguientes
ejercicios para reforzar su chakra de la garganta?

o Apúntese a clases de canto; busque un buen profesor y elija
   canciones que le gusten.

o Únase a un coro; los hay para todos los niveles de habilidad
   y experiencia.

o Como mínimo, empiece a cantar cuando esté solo. Ponga la
   radio y cante durante los atascos o mientras realiza las tareas
   domésticas (es posible que incluso se lo pase bien).

o Cante «OM». Aunque piense que no sabe cantar, sí puede
   hacerlo con una sola nota. Es posible que ya haya probado
   en clase de yoga. Siéntese con las piernas cruzadas y emita
   un sonido «O» largo desde el chakra raíz, permitiendo
   que su atención suba por su columna. Cuando llegue
   a la garganta, cierre los labios y tararee un sonido «M»
   hasta llegar a la coronilla. El sonido vibrante que produce
   en su garganta resulta beneficioso para todos los chakras.
   Y estará contribuyendo a conectar el flujo de energía
   entre su cuerpo, el cuello y la cabeza.

o Los mantras pueden ser muy beneficiosos para el chakra
   de la garganta. Un mantra es una forma de meditación que
   consiste en repetir una frase (por ejemplo, «Om mani padme
   hum»). Puede cantarla de forma musical, emitirla como un
   cántico o decirla sin más. Si su chakra de la garganta se
   siente demasiado cohibido para expresarse, puede repetir el
   mantra susurrándolo o mentalmente: el ritmo y la repetición
   resultarán beneficiosos de todos modos para este chakra.

DIGA LO QUE PIENSA

Si alguien es muy pesado, puede provocarle literalmente rigidez
de cuello porque estará asfixiando su chakra de la garganta.
Puede resultar difícil decir lo que se piensa ante un padre
o una madre muy exigente, un jefe autoritario, un compañero
de piso gruñón o un adolescente impertinente. Pruebe
el siguiente ejercicio:

o Empiece colocando una afirmación en un lugar donde
   pueda verla (por ejemplo, en el espejo del baño o en la
   puerta de la nevera). Podría decir algo como «Tengo derecho
   a decir lo que pienso» o «Puedo hablar con claridad» (si vive
   con compañeros de piso socarrones o con adolescentes
   sarcásticos, puede abreviar la afirmación con palabras como
   «VERDAD» o «CLARIDAD»; usted sabrá qué significan).

o Siéntese y escriba una carta dirigida a la persona que
   le impide expresarse. No se reprima nada, pero queme
   la carta o rómpala en pedacitos muy pequeños cuando la
   termine y deje ir. Si todavía se siente molesto o enfadado,
   dé puñetazos a una almohada (a ser posible, cuando esté
   solo y pueda decir todo lo que piensa). La idea consiste
   en sacar de su sistema todo el dolor y la rabia. Si consigue
   alcanzar un estado de fuerza y calma, le resultará mucho
   más sencillo tener esa conversación en la vida real.

o Si con esto no basta, busque un libro o un curso sobre
   asertividad (ser asertivo no significa ser desagradable
   o agresivo, sino expresarse de manera correcta y eficaz).
   Si no sabe comunicarse con su pareja, o si siente que no
   le escuchan, trate de completarlo con un curso de escucha
   activa. Si su incapacidad para expresar su opinión se
   remonta a la infancia, busque a un terapeuta para trabajar
   su niño interior. Con algunos de mis pacientes descubrimos
   que el bloqueo se remonta todavía más atrás, tal vez porque
   nacieron con el cordón umbilical enrollado en el cuello,
   o porque en vidas pasadas no eran capaces de expresarse.
   Cuando se liberan, afirman que las personas difíciles de sus
   vidas ya no les dan tanto miedo. Algunos síntomas físicos,
   como el dolor de cuello, también pueden mejorar.

Meditación para el chakra de la garganta

ESCÚCHESE

El chakra de la garganta está relacionado con escuchar, no solo con hablar. Y la persona más importante a la que escuchar es, por supuesto, usted mismo. Todos poseemos una gran sabiduría oculta, y si nos calmamos podremos empezar a dejar que fluya hasta nuestra mente consciente.

Es posible que la idea del silencio le asuste un poco. Sea valiente: trate de dejar el teléfono y buscar un lugar tranquilo. No tiene que pasarse una semana en un retiro de silencio: empiece con cinco minutos en el cuarto de baño, o coma solo en un parque.

Tal vez descubra que, en este punto, su voz interior chilla como un mono molesto incapaz de callarse. Es posible que le haga preguntas, que le incordie diciéndole que debería hacer algo más útil o que le diga que no es capaz de permanecer sentado en silencio (o, lo que es peor, que no lo merece).

¿Cómo apacigua a ese mono? Durante unos minutos, intente concentrarse en el sonido de su respiración al entrar y salir de su cuerpo.

Si su voz interior es realmente insistente, profesores de la voz como Hal y Sidra Stone sugieren subir el volumen y escuchar con atención lo que quiere decir. Pruebe a escribir todo lo que escuche, por muy crítico que sea. Cuando escuche de verdad, de un modo benévolo e imparcial, la voz interior negativa acabará quedándose sin fuerza. En su lugar descubrirá una voz más agradable y útil con mensajes de su cuerpo, sus guías o su alma.

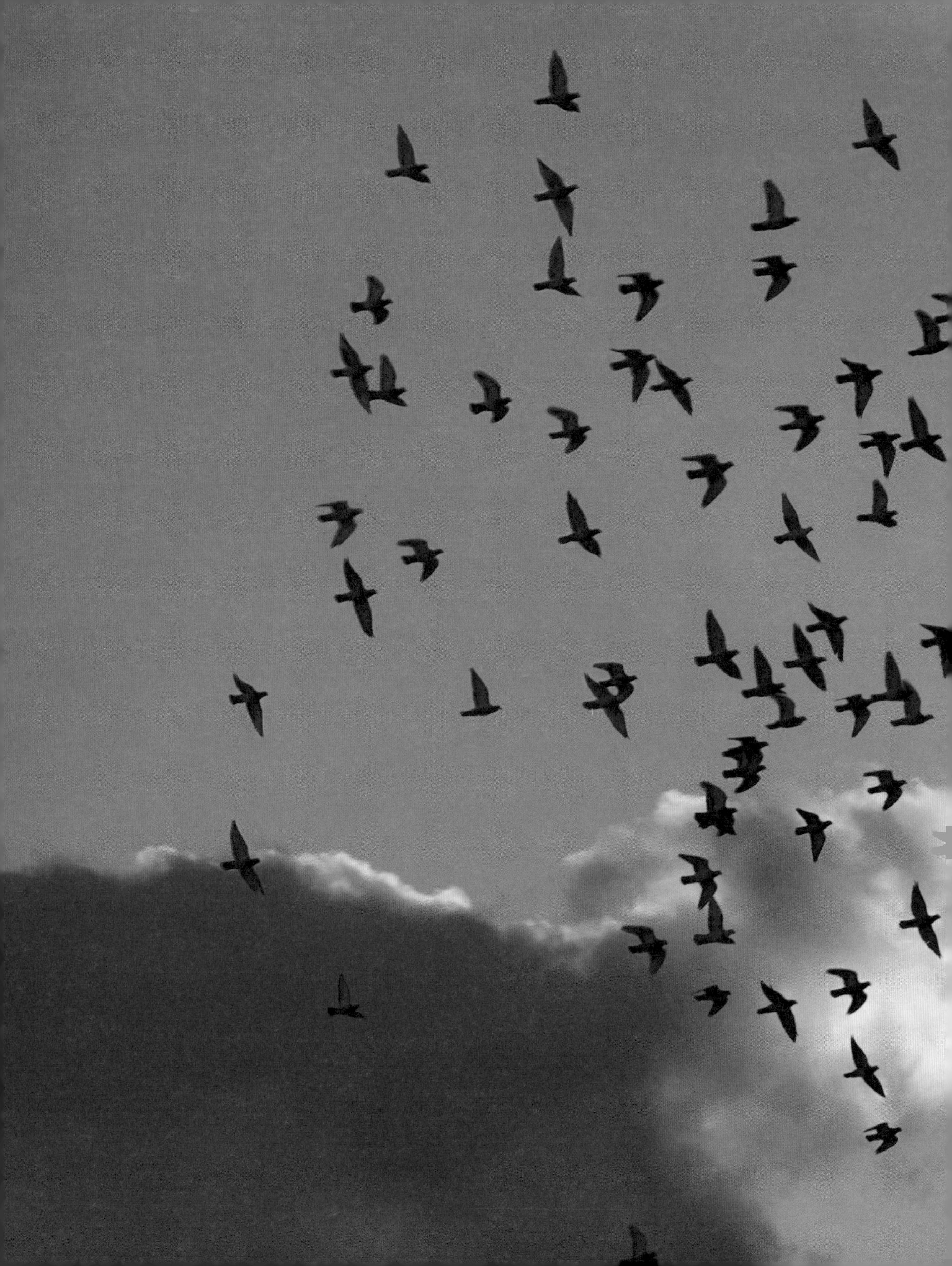

Chakra del tercer ojo

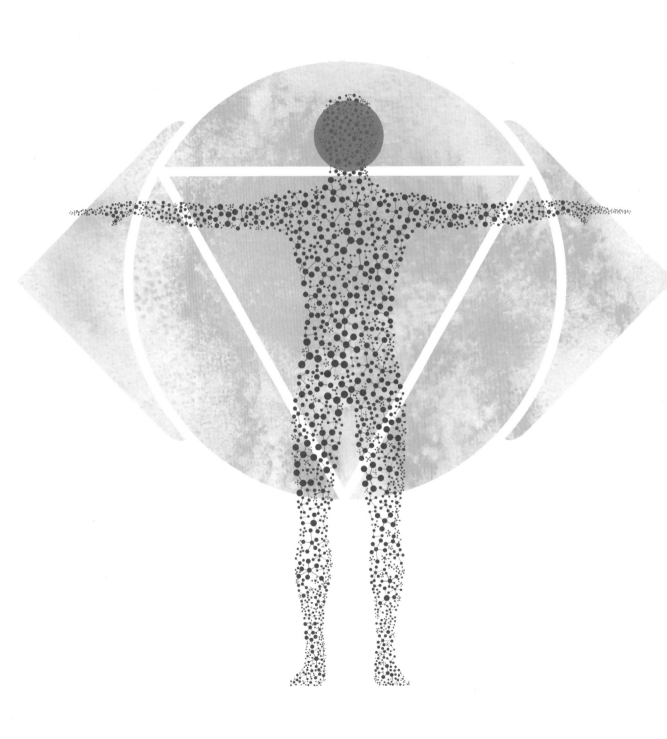

Nombre en sánscrito	*Ajna* (significado: percibir, controlar)
Comúnmente conocido como	Chakra del tercer ojo, de la frente, índigo o púrpura
Número	Seis, el sexto chakra
Ubicación	En la frente, ligeramente por encima de las cejas, en el centro
Asociaciones	Sexto sentido, intuición, sabiduría; conciencia espiritual, ver con claridad; perspectiva, equilibrio
Órganos relacionados	Ojos, cerebro, senos nasales, glándula pineal
Sentido	Sexto sentido o intuición
Elemento	Luz
Edades	36-42 y 85-91
Cuando está equilibrado	Mente clara, astucia, imaginación, perspicacia; equilibrio entre la lógica y la intuición
Cuando está débil o dañado	Mentalidad excesivamente práctica; dificultades para ser creativo; estrechez de miras y desprecio por las opiniones ajenas; alejado de la espiritualidad
Cuando está muy desarrollado	Sensación frecuente de agobio o confusión, y dificultades para concentrarse o hacer planes; sin contacto con la realidad; superstición; sufrimiento por sentimientos de alucinaciones y paranoia
Símbolo/*yantra*	Loto de dos pétalos; el triángulo que apunta hacia abajo puede representar la sabiduría
Frases	Veo, entiendo, soy perspicaz
Cristales	Pruebe con cristales de color índigo o púrpura, como azurita y amatista, para despejar la mente y favorecer la intuición

Soy
una persona
visual

Percibo
la belleza
y la aprecio

He tenido
experiencias psíquicas
(por ejemplo, telepatía,
déjà vu o visiones
del futuro)

La creatividad
y la lógica
son igual de
importantes

Tengo
mucha
imaginación

Soy
sensible a los
ambientes

He visto,
escuchado
o sentido
espíritus

De pequeño
tuve amigos
imaginarios; a veces
me daba miedo
la oscuridad

Los sueños son
fascinantes

Sé en qué
dirección voy
en la vida.

Paso más tiempo
en mi cabeza
que en mi cuerpo,
y me gusta
que sea así

A veces
capto tanta
información visual
que resulta
agobiante

Me resulta
fácil hacer
planes

Pienso
mucho

Soy
intuitivo

Soy perspicaz

Si el viaje ascendente por los chakras es como escalar una montaña, ahora se encuentra en las laderas más altas y empieza a disfrutar de una buena vista de pájaro. El chakra del tercer ojo se sitúa en el centro de la frente, justo encima de las cejas, en el punto donde las mujeres hindúes lucen su *bindi* rojo.

En términos del cuerpo físico, este chakra gobierna los dos ojos y los dos hemisferios cerebrales. Por tanto, está vinculado con la PERSPICACIA y el PENSAMIENTO EQUILIBRADO.

A nivel espiritual, este chakra se encarga del SEXTO SENTIDO, que puede darle información importante y visiones interesantes del mundo no físico. El tercer ojo es más simbólico que científico; se trata de un ojo interior con una PERCEPCIÓN que va más allá de la vista normal, y de una puerta de entrada a los vívidos límites de la IMAGINACIÓN, la memoria o los sueños.

En los chakras inferiores, los mensajes psíquicos tienden a manifestarse de manera física como presentimientos viscerales; en el chakra del tercer ojo, la información psíquica suele ir directa a la mente, como una especie de CONOCIMIENTO. Cuando piensa en alguien de repente justo antes de que esa persona le envíe un correo, podría tratarse simplemente de una coincidencia. Pero si ese tipo de coincidencias ocurre con mucha frecuencia, es su SEXTO SENTIDO funcionando.

Cuando el chakra del tercer ojo está abierto, es posible que reciba mensajes a través de la CLARIVIDENCIA (ver con el ojo interior), la CLARIAUDICIÓN (oír con el oído interior) o la TELEPATÍA. Es posible que tenga visiones del futuro, que sea capaz de ver ÁNGELES Y ESPÍRITUS, o que se comunique con sus guías. Lo mejor de todo es que puede tener conciencia de que nuestra realidad física no es la única, y de que todos formamos parte de una REALIDAD SUPERIOR.

Este chakra también se relaciona con el equilibrio y el contacto con la realidad. Cuando funciona bien, todo encaja y está perfectamente equilibrado. Puede acceder a las partes LÓGICA E INTUITIVA de su cerebro, absorber mucha información, pero manteniendo la perspectiva y la visión de conjunto. Puede ver con claridad el mundo exterior físico, pero también confía en su SABIDURÍA INTERIOR y en los mensajes de su espíritu.

Cuando el
chakra del
tercer ojo está equilibrado

Cuando este chakra funciona bien, usted ve hacia dónde se dirige. Es como conducir con un parabrisas reluciente en un día soleado, con el paisaje que se extiende ante sus ojos. A nivel humano, podría ser así porque posee una mente despejada y se organiza su día. A nivel del alma es algo más profundo: cuando su VISIÓN INTERIOR ES CLARA, sabe qué dirección debe tomar a largo plazo para que su espíritu pueda evolucionar.

La zona que rodea a un chakra del tercer ojo sano se siente muy limpia. En este caso, la persona no permite que las prioridades, las emociones o los líos en general empañen su propia visión. Si se encuentra rodeado de energía de otras personas (la niebla y los insectos aplastados en su parabrisas metafórico), hará lo necesario para limpiarla. (Encontrará más información sobre la protección psíquica en la página 83).

Cuando este chakra está equilibrado, usted utiliza las dos mitades de su cerebro. La combinación de lógica e intuición significa que ES UNA PERSONA SABIA y que es capaz de encontrar soluciones PRÁCTICAS Y CREATIVAS para todo tipo de problemas. Posiblemente lea mucho o reciba información de fuentes muy diversas, pero tiene el don de simplificarlo todo y facilitar su comprensión. Con frecuencia detecta patrones, o caminos obvios, que los demás no ven.

La belleza visual puede ser importante para usted, y aprecia los detalles, además del conjunto. Es posible que tenga una IMAGINACIÓN MUY ACTIVA y que sea capaz de evocar imágenes e historias con sus palabras. Probablemente recuerde sus sueños y extraiga mucha información de ellos.

Su espiritualidad es importante, y tiene una MORAL MUY DESARROLLADA. Siente que existe algo más que nuestra realidad física y, por tanto, presta atención a su intuición. Está abierto a la idea de la comunicación con ángeles o guías espirituales.

Identificar un
chakra del
tercer ojo débil o dañado

Si su tercer ojo no se abre adecuadamente, el flujo de entrada y salida de la información será escaso. Así, puede convertirse en una persona de MENTE CERRADA. Casi con toda seguridad se perderá parte de la belleza de la vida.

En particular, si desecha todo lo que no puede ver, tocar, oír, saborear u oler, no tendrá ocasión de apreciar el rico y colorido mundo del espíritu o de la imaginación. Es posible que le resulte DIFÍCIL VISUALIZAR. Es probable que los ensayos creativos le resultaran complicados e incomprensibles en el colegio, y que no viera la utilidad de leer obras de ficción. Es posible que no recuerde sus sueños, o que no los tenga en cuenta porque no los considera importantes. Tal vez desprecie la intuición como pura palabrería.

Si insiste en que las únicas verdades son la lógica y la razón, es muy probable que se desconecte de su espiritualidad. Para usted, la vida no es una progresión y una evolución, sino un trabajo que termina cuando morimos. Si sus chakras inferiores son fuertes, los marcadores del éxito mundanal (por ejemplo, conseguir un ascenso o comprarse un automóvil mejor) serán suficientes para usted, pero es posible que sienta un ligero VACÍO, una sensación de no encontrarle sentido a nada, y la imposibilidad de hallar una explicación para esa sensación.

Si no obtiene perspectiva a través de este chakra, podría hundirse en los pequeños detalles de la existencia humana, pelearse por nimiedades o atascarse en dificultades sin importancia. Si alguien manifiesta opiniones o relata experiencias diferentes a las suyas (sobre todo cuando habla de tonterías como los ángeles), es posible que se sienta muy incómodo y que las rechace mostrándose GROSERO y DESPECTIVO.

Si ha nacido en una familia lógica y práctica, su sexto chakra podría no haber tenido nunca la oportunidad de abrirse por completo. O es posible que lo cerrase en su infancia, sobre todo si le daban miedo los fantasmas, le reñían por inventarse cosas o le intimidaban por ser un blando.

Identificar un
chakra del
tercer ojo excesivamente desarrollado

Cuando este chakra está completamente abierto de forma permanente, fluye tanta energía de entrada y de salida que puede AGOBIARSE o PERDER EL CONTACTO CON LA REALIDAD.

En parte se trata de un problema de la vida moderna. Si vive en una ciudad, se desplaza para ir al trabajo o utiliza las redes sociales, se verá bombardeado de imágenes e información todos los días. Sume su propio monólogo interior, los recuerdos del pasado y las ANSIEDADES RESPECTO AL FUTURO, y estará procesando decenas de pensamientos distintos. Si nunca se toma el tiempo necesario para dar un descanso a su mente, puede llegar a ser difícil distinguir lo importante.

Si su tercer ojo deja entrar demasiada información psíquica o sutil, el ruido de fondo será mayor. Algunos de esos mensajes pueden ser ambiguos de todos modos, y si se siente superado, es posible que le resulte difícil elegir una respuesta adecuada. Así, podía llegar a CONCLUSIONES PRECIPITADAS (mi vecina no me ha sonreído esta mañana; estoy seguro de que la he ofendido) o convertirse en una persona acelerada o SUPERSTICIOSA (creo que he visto una urraca camino del aeropuerto: ¿debería cancelar el vuelo?).

Si el sexto chakra gira con excesiva rapidez, podría convertirse en una persona descentrada y despistada, con la mente espesa o con DIFICULTADES PARA CONCENTRARSE, pensar con claridad o hacer planes. Su imaginación podría estar desbocada hasta el punto del DELIRIO. Incluso podría sufrir paranoia y alucinaciones. Personalmente, creo que los fantasmas existen, pero si ve fantasmas y sombras que le producen miedo y que otras personas muy psíquicas no ven, es probable que su tercer ojo necesite ayuda.

QUÉ LE OCURRE AL FLUJO SI EL CHAKRA DEL TERCER OJO NO ESTÁ EQUILIBRADO

Si a este chakra le falta fuerza, podría convertirse en una persona de mente estrecha. Como un bloqueo en una tubería, puede resultar difícil progresar en sentido ascendente si no cree en el crecimiento espiritual.

Si el chakra está excesivamente desarrollado, puede convertirse en una persona inestable y descentrada. Resulta mucho más fácil ver con claridad cuando uno está centrado y se basa tanto en las sensaciones físicas como en las mentales.

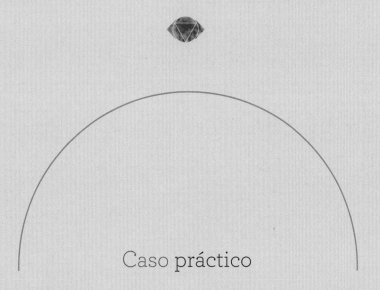

Caso práctico

CUANDO EL CHAKRA DEL TERCER OJO ESTÁ BLOQUEADO

John era un hombre con gran sensatez que dirigía su propia empresa de construcción. Cuando un agente inmobiliario le ofreció un contrato lucrativo para reformar pisos, se alegró mucho. La mujer de John, sin embargo, no se fiaba. Conoció al agente y no le gustó. No dejaba de decirle a John (de un modo muy irritante) que no debería seguir adelante. Era incapaz de darle razones lógicas, pero le suplicó que no firmase el contrato hasta pensárselo bien durante las vacaciones.

Durante su estancia en España, John recibió la noticia de que el agente inmobiliario había sido arrestado y que la empresa estaba siendo investigada por la Oficina de fraudes graves. Finalmente, la empresa se declaró en bancarrota y dejó a deber enormes cantidades de dinero a trabajadores y proveedores.

John admitió que había tenido dudas, pero que las había dejado a un lado. Pequeñas pistas sobre el aspecto y la conducta del agente inmobiliario llevaron a John a sentirse confuso en sus reuniones, además de las dudas que le surgieron cuando inspeccionó el lugar de las obras, que cobraron sentido a posteriori.

John sufrió una grave crisis de confianza. ¿Cómo iba a detectar las señales de advertencia la próxima vez? Cayó en la cuenta de que su padre utilizaba a menudo frases como «No seas tonto./No montes un escándalo por nada./Tú no sabes nada./Haz lo que te mandan». Y él las había interiorizado.

John no tiene pensado asistir a clases de yoga o meditación de inmediato, pero ha suavizado su actitud rígida y ahora confía mucho más en las opiniones de su mujer. Además, presta atención a su propia intuición cuando algo parece que no va del todo bien, aunque no pueda explicar el motivo.

Cómo sanar el
chakra del tercer ojo

La mayoría de las sugerencias que siguen sirven para abrir el chakra del tercer ojo. Si sospecha que el suyo ya está demasiado abierto, realice algunos de los ejercicios para los chakras inferiores (en especial para el chakra raíz, *véanse* págs. 40-43); le ayudarán a centrarse. También le resultarán útiles las sugerencias acerca de la protección psíquica, en el capítulo dedicado al plexo solar (*véase* pág. 83).

Pensar en el
PÚRPURA

En sentido estricto, si nos atenemos a los siete colores del arco iris según Newton, el chakra del tercer ojo debería ser de un índigo azulado oscuro. Sin embargo, dado que ese tono posee una gama bastante limitada, no hay ningún problema en asociar este chakra con todos los hermosos tonos de púrpura (el blanco y el violeta claro son para el chakra de la corona).

Busque el color púrpura en todas partes: lavanda, glicina, jacarandás, un crepúsculo, laca de uñas, el atuendo de un obispo, unas montañas lejanas... Cada vez que lo vea, es un recordatorio para concentrarse en su chakra del tercer ojo. Observe también la luz; la luz que atraviesa algo translúcido y cristalino, como un anillo de amatista, puede resultar doblemente evocadora.

Póngase algo púrpura o índigo. Empiece con algo pequeño, como unas gafas de sol (puntuación doble si lo lleva cerca de las cejas). Ponga un jarrón con flores púrpura cerca de una ventana o un espejo; le recordarán su visión interior.

Puede preparar un pequeño altar o publicar imágenes con elementos de color púrpura (y relacionadas con los ojos) en las redes sociales.

Alimente su
chakra del tercer ojo

Los alimentos de color púrpura contienen unos pigmentos conocidos como antocianinas, muy beneficiosas para la salud.

Busque verduras de color púrpura intenso, como berenjenas, coles y colirrábanos. Otras verduras con tonos púrpura son el brócoli, la cebolla, el ajo, las alcachofas y los espárragos.

También existen variedades púrpura poco frecuentes de zanahorias, pimientos, rábanos, patatas, acelgas y una casi surrealista coliflor de un púrpura intenso.

Entre las frutas índigo y púrpura figuran las moras, los arándanos, las grosellas, las bayas de saúco, los higos, las ciruelas, las cerezas negras y las uvas.

Puede adornar sus platos con flores comestibles de *Allium* (esas maravillosas bolas púrpura de pétalos que crecen de las cebollas, las cebolletas y el cebollino), o con pétalos de lavanda y violeta.

Cuando tome alimentos de color púrpura, impóngase la intención de que utiliza su fuerza púrpura para que su chakra del tercer ojo gane en claridad.

También puede tomar alimentos beneficiosos para los ojos y el cerebro: entre otros, productos que contienen grasas beneficiosas como pescado azul, aguacate y nueces, además de bayas y verduras de todos los colores (si ha trabajado todos los chakras, ya lo habrá hecho).

Cada vez que se tome la molestia de disponer su comida de manera atractiva y se detenga a contemplarla antes de comer, es otro recordatorio para concentrarse en este chakra.

Sane su

cuerpo físico

Para equilibrar su chakra del tercer ojo, cuide sus ojos, frente y cerebro.

CUIDE SUS OJOS

¿Necesita una revisión oftalmológica? ¿Tendría suficiente con un descanso de la pantalla del ordenador? (existen aplicaciones que le recuerdan que desvíe la vista cada 30 minutos). A casi todas las personas (a sus ojos) les beneficia el aire libre, donde podemos descansar la vista enfocando elementos más alejados.

Pruebe a frotarse las palmas de las manos para calentarlas y colóquelas sobre los ojos durante unos minutos. También puede buscar ejercicios para los ojos a fin de reforzarlos y relajarlos.

CUIDE SU FRENTE

Pida hora para un masaje facial o de cabeza, o para una sesión de acupresión facial. Si tiene la posibilidad, reserve una sesión de Shirodhara, una terapia ayurvédica. Consiste en verter aceite caliente sobre la frente. Sin duda, su atención se centrará en esa zona.

CUIDE SU CEREBRO

Puede hacer puzles para estimular los dos hemisferios del cerebro (el izquierdo es el de la lógica, el orden y los detalles; el derecho se encarga del color, la intuición y la creatividad).

La meditación puede despejar y «reiniciar» su cerebro (*véase* pág. 164). Los escáneres cerebrales de monjes budistas demuestran que desarrollan más neuronas.

HAGA EJERCICIO

El neurocirujano británico Henry Marsh, que ha visto muchos cerebros, cuida su propio cerebro corriendo y montando en bicicleta todos los días (incluyendo un *sprint* que le deja exhausto).

El ritmo al caminar, nadar o pedalear también mejora la intuición. Cuando se mueva, es posible que encuentre respuestas como surgidas de la nada.

RESPIRACIÓN CON LAS FOSAS NASALES

Este ejercicio le ayuda a centrar su atención en cada lado del rostro, y resulta eficaz para equilibrar los dos hemisferios del cerebro. Simplemente consiste en respirar por las fosas nasales de forma alterna.

1 Colóquese la mano izquierda en la nariz.

2 Ciérrese la fosa izquierda con el pulgar. ESPIRE e INSPIRE a través de la fosa derecha.

3 Destape la fosa izquierda y tápese la derecha con el dedo índice. ESPIRE e INSPIRE a través de la fosa izquierda.

4 Repita en ambos lados durante varios minutos. Concéntrese en las sensaciones de la respiración.

5 Cuando domine esta técnica, pruébela sin utilizar los dedos, solo con la intención.

Conecte con su
chakra del tercer ojo

El chakra del tercer ojo se relaciona con el elemento luz. Esta sección también trata sobre el refuerzo de la intuición, la visión y la perspectiva.

DESARROLLE SU SEXTO SENTIDO

El chakra del tercer ojo nos conecta con nuestra intuición y sabiduría interior. Nuestros antepasados necesitaban todos sus sentidos (vista, oído, tacto, gusto y olfato), además de su sexto sentido (intuición), para sobrevivir. Los animales también utilizan ese sentido extra, pero la mayoría de los humanos lo hemos olvidado. El chakra del tercer ojo puede ayudarle a afinar su sexto sentido en el mundo moderno. Puede advertirle del peligro, ahorrarle mucho tiempo (un momento de inspiración produce resultados mucho más rápidos que enfrentarse a un montón de datos) y aportar una maravillosa conciencia espiritual a su vida.

o Medite con los ojos cerrados. Concéntrese en el centro de su frente. Si le asaltan imágenes, percíbalas y déjelas ir. Si son importantes, las recordará después; no se preocupe por ellas.

o Plantéese una pregunta y, a continuación, haga otra cosa: salga a pasear, dese un baño, pique las verduras para la cena... Compruebe si surge una respuesta, o un patrón, de manera espontánea a partir de su intuición.

o Escriba un diario de sueños. Consulte su significado en un diccionario de sueños. Posiblemente, encontrará diversas interpretaciones (algunas descabelladas y absurdas), y sabrá detectar qué tiene sentido para usted.

o Tome conciencia de las coincidencias, o de palabras o imágenes que aparecen una y otra vez. Si tiene una canción en la mente, fíjese en la letra.

o Compre unas cartas del oráculo o consulte el I Ching, el antiguo manual chino de adivinación. La belleza de este método radica en que las imágenes y las palabras se pueden interpretar de diferentes maneras. Ninguna es la correcta en un sentido absoluto, pero pueden estimular su intuición y transmitirle un mensaje válido para usted en ese momento (como el horóscopo).

o Aprenda a ver el aura. Pida a un amigo que se siente delante de una pared gris y baje la luz (o utilice velas). Si desenfoca la vista, es posible que vea un contorno de energía blanca o azulada a su alrededor; es una capa de su energía física. Con la práctica podría llegar a ver otros colores.

o Busque señales espirituales. Concéntrese en las positivas que le aportan felicidad. Cuando me dijeron por primera vez que sería sanadora, durante la semana siguiente veía señales relacionadas con los ángeles por todas partes. Me sentí muy atraída hacia una tienda de regalos muy hortera; no entendía qué hacía allí hasta que miré hacia arriba y vi un magnífico papel de regalo con ángeles en la pared de detrás de la caja. Dos personas me regalaron figuritas de ángeles. Un niño me dio una pluma. Encontré otra pluma esponjosa (por primera y única vez) en mi taza de té. Ninguna de esas señales tenía demasiado significado por sí sola, pero no pude ignorar que estaba rodeada de ellas y lo bien que me hacían sentir.

o Si algo le dice que tiene un problema (un fantasma en casa, o un problema de salud), examínelo con su cerebro lógico y vea si puede resolverlo. Si ese sentimiento molesto no desaparece, pida ayuda a un profesional. Muchos de mis pacientes empiezan la sesión con un «Sé que parece un disparate, pero...».

MIRE DE VERDAD

Probablemente, durante su trabajo con los chakras habrá utilizado mucho la vista para detectar los diferentes colores del arco iris. Con este chakra realice un esfuerzo extra para ver qué más puede percibir.

○ Visite galerías de arte y contemple las obras, tanto desde cierta distancia como de cerca.

○ Visite una tienda de productos para artistas y admire la gama de colores de una caja de lápices, acuarelas o pasteles.

○ Salga a la naturaleza y observe (observe de verdad) las hojas, las flores o los motivos que dibuja la corteza de los árboles.

○ Observe la luz: cómo cambia a lo largo del día y cómo ondea en el agua.

○ Consiga un libro de ilusiones ópticas.

○ Observe mandalas (figuras circulares que representan el universo). Personalmente me gustan los mandalas modernos de Kathy Klein, a base de flores (en su página web Danmala).

○ Dé las gracias por todas las cosas hermosas que ve.

VEA BELLEZA EN TODAS PARTES

Aunque esté atrapado en un atasco, en una zona fea de la ciudad, podrá encontrar belleza si la busca. Mi amiga Lesley Garner, periodista, incluye un brillante consejo («El camino a la belleza de los navajo») en su libro *Everything I've Ever Done That Worked*. Veamos un pequeño aperitivo (si tiene ocasión, lea el libro completo).

La próxima vez que se sienta aburrido e incómodo en un atasco, pruebe a mirar a uno y otro lado, y dígase:

○ «Hay belleza ENCIMA de mí». Mire hacia arriba y es posible que vea nubes blancas atravesando el cielo.

○ «Hay belleza DELANTE de mí». Perciba, por ejemplo, el rojo intenso y ardiente de las luces de la furgoneta que tiene delante, o el sol reflejado en las ventanas de un edificio.

○ «Hay belleza a mi IZQUIERDA». Advierta que el vehículo que tiene al lado es una pieza abstracta y reluciente de reflejos, un resplandor oscuro de pintura brillante, una mancha de espejo y cromado.

- «Hay belleza a mi DERECHA». Observe el juego de luz y colores en las superficies reflectantes a medida que pasan los vehículos.

- «Hay belleza DEBAJO de mí». Observe los pliegues de su ropa en su regazo, las texturas sutiles, los pequeños cañones de luz y sombra que se forman en los pliegues y las arrugas.

- «Hay belleza DETRÁS de mí». Tal vez observe una hilera curvada de luces a través de su espejo retrovisor... abstracción de luces y tonos, formas geométricas y curvas sutiles.

- «Hay belleza DENTRO de mí. Mi rabia y mi frustración se han transformado mediante la observación».

- «Hay belleza a mi ALREDEDOR. Sí, la hay. Gracias».

ELIMINE EL DESORDEN VISUAL

Impóngase la intención de que desea tener una visión clara. Para ello, limpie las ventanas y los espejos de su casa, y deje sus gafas de leer (si las utiliza) impolutas.

¿Hay desorden visual que le distrae y que no quiere ver, como montones de tarros y paquetes en su cocina? Guárdelos y tenga a la vista únicamente unos pocos objetos que le gusten o necesite.

¿En su casa hay objetos que hace tiempo que no mira? ¿Cuándo fue la última vez que contempló ese cuadro en la pared o esa postal en su escritorio?

PLANIFIQUE CON ANTELACIÓN, TOME PERSPECTIVA

Cuando el tercer ojo funciona bien, sabe qué camino lleva en la vida y qué quiere conseguir. Sin embargo, si sus planes a largo plazo son un poco imprecisos, pruebe a crear un tablero de visiones. Busque revistas antiguas y recorte imágenes y frases que le inspiren. Coloque el tablero en la pared y utilícelo para centrar su intención. Según libros como *El secreto*, de Rhonda Byrne, cuando hacemos visibles nuestros objetivos, todo tipo de oportunidades y personas útiles se harán visibles de pronto.

También puede realizar una pequeña visualización. Imagínese en su propio funeral. Sus amigos y su familia le dedican elogios. ¿Qué dicen? ¿Qué más le gustaría que dijesen? Si las respuestas le conmueven o le inspiran, probablemente se trate de su alma mostrándole hacia dónde quiere ir.

Meditación para el chakra del tercer ojo

CÓMO REUNIRSE CON SU GUÍA

Todos tenemos un equipo de guías, ángeles y antepasados que nos cuidan. Tiene que ser un trabajo frustrante, porque apenas les hacemos caso. Por lo general, tienen que conformarse con mostrarnos información en los sueños, o llamando sutilmente nuestra atención a través de las coincidencias. Si realizamos el esfuerzo de conectar con ellos mediante el tercer ojo, la comunicación resultará más sencilla.

○ Túmbese en una posición cómoda. INSPIRE hasta la parte baja del estómago. Cada vez que ESPIRE, relaje una parte de su cuerpo, desde los pies hasta la cabeza. Pida a sus guías y guardianes protectores que se acerquen a usted mientras realiza un viaje visual.

○ Lleve a su ojo mental hasta una playa extensa y vacía. Se encuentra de pie en un extremo y ve la curva de la orilla y el mar a un lado. La playa es muy tranquila y segura. Escucha el sonido de las olas y siente el crujido de la arena bajo sus pies al caminar.

○ En el otro extremo de la playa, a lo lejos, distingue una figura. Camina hacia usted. Le invade una sensación de reconocimiento, familiaridad y anticipación. A medida que la figura se acerca, la luz brilla a su espalda y usted percibe el contorno y la luz que la rodea, pero todavía no distingue su rostro.

○ Mire hacia abajo. ¿Le ve los pies? ¿Qué tipo de calzado lleva? Levante la vista. ¿Qué tipo de ropa lleva? ¿De qué color, de qué textura? Cuando su mirada llega a su rostro, todavía aparece borroso, pero poco a poco va distinguiendo algunos rasgos. La figura le tiende delicadamente una mano y usted siente la maravillosa energía que la rodea.

○ A unos metros hay un banco con vistas al mar. Caminan juntos hasta él y se sientan. La figura tiene algo para usted en las manos. Es un regalo. Tiene que desenvolverlo. Se lo puede guardar en un bolsillo o ponérselo. Su guía podría tener algo que decirle. Acérquese un poco. ¿Le oye? ¿Entiende el significado de sus palabras?

○ Sienta la energía amorosa que emana del guía mientras se despiden. Sabe que podría recurrir a esta figura y reencontrarse con ella cuando la necesite.

○ El guía se aleja por la playa y usted regresa por donde ha venido. Siente el cuerpo pesado y empieza a tener la sensación de que atraviesa de nuevo la bruma para regresar a su habitación y a su cuerpo.

○ Mueva los dedos de las manos y los pies, y estírese. Cuando esté listo, abra los ojos y anote todo lo que desea recordar.

Chakra corona

Nombre en sánscrito	*Sahasrara* (significado: con mil pétalos)
Comúnmente conocido como	Chakra corona, chakra blanco-violeta
Número	Siete, el séptimo y más alto de los chakras principales
Ubicación	Parte superior de la cabeza; un solo chakra que apunta hacia arriba
Asociaciones	Conexión con lo divino y con la divinidad interior
Órganos relacionados	Parte superior del cerebro, glándula pituitaria
Sentido	Conciencia
Elemento	Energía cósmica
Edades	43-49 y 92-98
Cuando está equilibrado	Espiritualidad; sensación de conexión, pero también de desapego positivo; euforia, calma; la vida tiene sentido
Cuando está débil o dañado	Sensación de apartarse de la espiritualidad o de hostilidad hacia ella; sensación de que nada tiene sentido; soledad y depresión
Cuando está muy desarrollado	Desconexión de la realidad; delirio o fanatismo religioso
Símbolo/*yantra*	Loto de mil pétalos; el número de pétalos también puede representar el infinito
Frases	Soy divino, estoy conectado, sé
Cristales	Pruebe con cuarzo o amatista para despejar su mente y realzar su espiritualidad

Confío en que el universo me apoya

Me interesan los temas espirituales

Creo en un poder elevado (aunque no necesariamente lo llamo Dios)

Creo en la buena energía

La oración o la meditación es una parte importante de mi vida

Me interesan más las ideas que las cuestiones prácticas

He tenido visiones de una realidad más profunda

La música, el arte o la belleza me ayudan a elevarme

En ocasiones resulta difícil ser un espíritu en un cuerpo humano

Me gustan las citas, los libros y las personas que me inspiran

Creo que todo en el universo está conectado

Creo en la vida después de la muerte

Estoy evolucionando

Limpiar mi energía y purificar mi alma es muy importante para mí

A veces soy un poco despistado y descentrado

Estoy conectado

En el viaje ascendente por los chakras, el chakra corona es como la cumbre de una montaña, donde el aire es increíblemente puro y limpio. Este chakra apunta hacia arriba desde la parte superior de la cabeza y posee la vibración más fina y ligera de los siete chakras. Si tuviese una nota, sonaría como el repique nítido de un diapasón o una campana de plata.

Me encanta colocar la mano sobre la cabeza de una persona y conectar con su chakra corona. Cuando este funciona bien, siento una energía LUMINOSA Y ETÉREA que ME ELEVA Y ME INSPIRA. Los santos y los místicos aparecen pintados con una aureola o un halo de luz, pero nosotros también la tenemos.

El chakra corona se encarga de desempeñar dos papeles importantes. El primero consiste en CONECTARNOS con la energía sagrada de arriba. En función de sus creencias, la llamará Dios, un poder superior o el punto de luz más elevado. El segundo consiste en conectarnos con nuestra divinidad interior y hacernos tomar conciencia de nuestra faceta espiritual y eterna (que puede llamar ALMA, ESPÍRITU O SER SUPERIOR).

Según los maestros espirituales, cuando el chakra corona nos conecta con esos aspectos de la divinidad puede ocurrir algo asombroso: podría ser el portal a un ESTADO DE CONCIENCIA MÁS ELEVADO, ese en

el que nos damos cuenta de que estamos conectados con todo el cosmos. Afirman que la iluminación se produce cuando una ola se da cuenta de que forma parte del océano, y que no existen límites entre esa ola y el resto de moléculas de agua del mar. Además, aseguran que la separación no es más que una ilusión, y que cuando se consigue esa conexión se alcanza el ÉXTASIS.

En ese estado sabe que su alma es PURA LUZ. Puede conectar con una sabiduría infinita a través del pasado, el presente y el futuro. El tiempo no existe. La distancia es irrelevante. Todo forma parte del gran todo.

Si es usted una persona muy ESPIRITUAL, es posible que ya entienda qué significa todo esto. No obstante, la mayoría de nosotros empezamos a vislumbrar atisbos de esa iluminación a medida que nuestras almas se van abriendo durante toda una vida.

Trabajar los siete chakras puede acelerar el proceso. Un chakra corona fuerte y plenamente evolucionado se halla conectado con todos los demás chakras, pero en especial con el raíz. Cuanto más profundamente arraigados estemos, más alto podremos elevarnos.

En este viaje ascendente nos encontramos en la planta superior del faro. Al unir todos nuestros chakras, los colores se funden en un hermoso rayo de luz blanca pura.

Cuando el
chakra
corona está equilibrado

Cuando el chakra corona gira bien, el mundo puede parecer un lugar ESPLÉNDIDO Y ARMONIOSO. Si la energía espiritual entra y sale de este chakra de manera fluida, se sentirá MARAVILLADO Y ASOMBRADO con frecuencia, notará que tiene un propósito elevado en este mundo o encontrará SIGNIFICADO a casi todo lo que haga.

Es posible que sienta una PROFUNDA SENSACIÓN DE CONFIANZA en que un poder más elevado cuida de usted, del mismo modo que confía en que el sol saldrá cada mañana o en que el cielo siempre es azul más allá de las nubes.

Es probable que sienta un AMOR INCONDICIONAL Y COMPASIÓN. Aunque identificará ese sentimiento desde el chakra del corazón, en el chakra corona se encuentra un poco más alto. Es más independiente pero más universal: el sentimiento de compasión se extiende a todos y a todo.

Cuando el chakra corona está sano, la persona sabe que existen muchos caminos distintos hacia la VERDADERA CONEXIÓN y la compasión, y los respeta todos.

Identificar un
chakra
corona débil o dañado

Cuando este chakra apenas fluye, es posible que se sienta desconectado de su espiritualidad. SI NADA LE INSPIRA especialmente, la vida puede resultarle monótona, gris y sin sentido. Es probable que nunca logre la sensación de elevarse, o de ir más allá de la existencia ordinaria para llegar a algo más grande. Si se siente DESCONECTADO DE TODO (incluyéndose usted mismo), podría convertirse en una persona SOLITARIA y DEPRIMIDA.

No obstante, no siempre ocurre así. Si sus chakras inferiores están muy desarrollados, es posible que sea usted una persona muy trabajadora que gana dinero, come mucho, se emborracha, tiene sexo, busca la fama, compra cosas sin parar o sea lo que sea que llene su tiempo sin pensar ni por asomo que le falta algo. Es posible que le vaya muy bien desde el punto de vista material porque no le preocupan los escrúpulos y NO PIERDE EL TIEMPO CON LA BÚSQUEDA ESPIRITUAL. Dado que es incapaz de experimentar la conexión espiritual, podría pensar que las personas espirituales son raras o crédulas. Se felicita por vivir en el mundo real. No obstante, es probable que TEMA PROFUNDAMENTE A LA MUERTE y que envidie en secreto la convicción de esas personas.

¿Por qué puede debilitarse un chakra corona? Podría tratarse de una simple cuestión de fisiología. Las resonancias magnéticas demuestran que los ateos y los creyentes poseen estructuras cerebrales ligeramente distintas. La educación también puede tener mucho que ver; es posible que nunca le hayan dado la oportunidad de explorar temas espirituales, o que se riesen de usted si los planteaba. Si de pequeño le obligaban a asistir a un servicio religioso que le aburría, o si personas que afirmaban tener autoridad religiosa sobre usted le trataron mal, podría haberse convertido en una persona HOSTIL A LA IDEA DE DIOS.

En algunos casos, no es que el chakra corona esté dañado, sino que todavía no ha tenido la oportunidad de abrirse. Estas personas tienen otras muchas responsabilidades, como labrarse una carrera o cuidar a sus hijos. Pasados algunos años, cuando tienen tiempo para sí mismas, empiezan a descubrir el sentimiento de conexión de manera espontánea.

Identificar un
chakra
corona excesivamente desarrollado

Cuando hay un exceso de energía que entra y sale del chakra corona, es posible que la VIDA COTIDIANA LE RESULTE MUY DIFÍCIL. Con la cabeza en las nubes, es probable que tenga ideales elevados y una filosofía complicada, pero no le servirán de mucho si apenas sabe freír un huevo.

Tal vez le desconcierte la cultura popular, pero no por ello deja de absorber las ansiedades del inconsciente colectivo, que podrían arremolinarse en el ambiente como formas del pensamiento. Por ejemplo, cuando se celebran unas elecciones importantes, o se produce un ataque terrorista, mis clientes portan mucha más energía de la habitual sobre sus cabezas: captan aquello que preocupa a todo el mundo.

Si su chakra del tercer ojo está muy abierto, es posible que LE ABRUMEN LAS EXPERIENCIAS PSÍQUICAS. Con la cabeza llena de visiones, podría sentirse desconectado de la realidad o mentalmente desequilibrado. Sentir una gran devoción religiosa puede ser bonito y alimentar el alma, pero no si deja de cuidarse o si se aísla del mundo.

¿Qué provoca que el chakra corona se abra demasiado? Puede caer en un estado de DESEQUILIBRIO si pasa demasiado tiempo pensando y no cuida de su cuerpo físico. Si se siente herido con facilidad, o si ha sufrido algún trauma, es probable que se sienta más seguro DISOCIÁNDOSE DE SU CUERPO y viviendo en su cabeza. La fantasía es mejor que la realidad y más fiable que las emociones humanas.

Las drogas psicoactivas también pueden abrir por completo el chakra corona. Definitivamente, no son una vía rápida segura hacia la auténtica iluminación. Es mejor reforzar y estabilizar todos los chakras hasta que el loto de mil pétalos que corona su cabeza florezca cuando esté preparado.

¿QUÉ LE OCURRE AL FLUJO SI EL CHAKRA CORONA NO ESTÁ EQUILIBRADO?

Si a este chakra le falta fuerza, hasta sus chakras inferiores no llegarán los planes inspiradores. Si sus chakras inferiores funcionan bien, acabará las cosas, pero serán tareas cotidianas y básicas porque la chispa divina estará ausente.

Si el chakra corona está excesivamente desarrollado, de manera que siente demasiado peso en la cabeza, podría resultarle muy difícil empezar o continuar las cosas, y no digamos acabarlas. Es posible que le ronden grandes ideas para cambiar el mundo durante años, pero si no logra inspirar a otra persona para que las lleve a cabo, podrían no materializarse nunca.

Caso práctico

CUANDO EL CHAKRA CORONA SE ABRE CON EXCESIVA RAPIDEZ

Jess iba a recorrer Sudamérica con dos amigas en su año sabático antes de empezar la universidad. Dado que eran jóvenes de mente abierta y de espíritu curioso, tomaron la decisión de asistir a una ceremonia de ayahuasca en Colombia.

«Nos alojábamos en una pensión y había folletos por todas partes. Otros mochileros nos explicaron que era una experiencia interesante.

Nos aseguraron que la ayahuasca no es adictiva, que la gente lleva miles de años utilizándola y que los colombianos la llaman "droga maestra" porque produce visiones maravillosas. Nos encantó la idea de experimentar alguna sensación psicodélica y regresar a casa un poco más sabias. Sería una gran experiencia.

Por desgracia, creo que no dimos con un buen chamán. Me tomé una taza de un líquido asqueroso y me sentó muy mal. Tuve muchas visiones, pero fue horrible, como una pesadilla. Me sentí fuera de control. En un momento dado empecé a mover mucho los brazos y a rascarme la cara.

Puede que tuviese suerte; después me enteré de casos de chicas violadas en esa situación. No quiero repetir nada parecido. Todavía tiemblo cuando lo pienso. Me culpo por haberme metido en algo así tan a ciegas.

Cuando empecé la universidad me apunté a clases de yoga y me uní a un grupo de meditación. Me interesa participar en un retiro algún día. A lo mejor algo se abrió con la experiencia, ¿quién sabe? Pero quiero ir despacio».

Cómo sanar el
chakra corona

Como siempre, las sugerencias de las siguientes páginas solo pretenden ser una fuente de inspiración. Conecte con las que considere más adecuadas para usted.

Dado que el chakra corona posee una vibración muy alta, gran parte de esas sugerencias son más energéticas que prácticas. Su objetivo consiste en abrir o equilibrar este chakra.

Si su chakra corona necesita relajarse, consulte el capítulo dedicado al chakra raíz (y, posiblemente, otros capítulos), a partir de la página 26. Después, realice los ejercicios del chakra corona.

Pensar en el
BLANCO-VIOLETA

El violeta claro posee la vibración más alta de los siete colores del arco iris. El chakra corona, no obstante, se asocia también con el blanco puro, que posee todos los colores del arco iris de los chakras en su interior. Para acordarse del chakra corona, observe las cosas principalmente blancas; si percibe algún toque de violeta claro, es un extra. Dado que la energía del chakra corona posee una vibración tan elevada y fina, también puede observar estructuras cristalinas y la luz.

Intente ponerse prendas blancas sobre todos sus chakras: por ejemplo, una camisa blanca de día o un pijama blanco por la noche. Si desea centrarse únicamente en el chakra corona, utilice un gorro blanco o violeta, o algo para llevar en la cabeza (puntuación doble en este caso). Observe cuántas cosas blancas hay a su alrededor: pintura, las nubes esponjosas, su bañera o ducha, platos, el papel de las páginas de un libro... Es posible que vea un violeta claro al amanecer y al anochecer, y muchas flores en esos dos colores.

Puede preparar un pequeño altar o publicar imágenes de objetos blancos o violetas (o incluso de ángeles) en las redes sociales.

Alimente su
chakra
corona

Continúe consumiendo alimentos de color púrpura (*véase* pág. 138) o cambie a productos blancos deliciosos y saludables, y ricos en nutrientes como antoxantina, alicina y quercetina.

Pruebe hortalizas y verduras como coliflor, col, hinojo, champiñones, trufas blancas, ajo, escalonias, las partes blancas del puerro, chirivías, espárragos blancos, alubias, guisantes y germinado de soja. Consuma también tofu.

Muchas frutas y verduras son blancas por dentro: manzanas, peras, lichis, chirimoyas, pitayas, guayabas, ñames, alcachofas, patacas, nectarinas y melocotones blancos. Otras pueden ser blancas y púrpuras: cebollas, berenjenas moteadas, col lombarda y chirivías.

Consuma cereales y frutos secos: arroz, maíz blanco (incluyendo palomitas y polenta), avena, trigo (pan y pasta incluidos), tapioca, quinoa blanca, coco, nueces de macadamia, anacardos, nueces de Brasil y piñones.

No olvide los productos lácteos: leche, yogur, kéfir, nata, mantequilla blanca y quesos tiernos como el feta. Entre los no lácteos, consuma yogur de coco y queso de anacardos.

Recuérdese que debe concentrarse en el chakra corona cuando tome alimentos ligeros como *mousse* o merengue, o cualquier producto dulce. La ambrosía, el néctar y el maná poseen asociaciones sagradas y eran dulces.

También puede probar a concentrarse en el chakra corona realizando un ayuno ocasional. Si su estado físico se lo permite, el ayuno puede ser beneficioso para el cuerpo y aportarle una sensación de ligereza y claridad.

Sane su

cuerpo
físico

● Busque actividades que concentren la atención en la parte superior de la cabeza.

EMPIECE POR LA CABEZA

El modo más sencillo de conectar con su cuerpo a través de la parte superior de la cabeza consiste en peinarse o lavarse el pelo.

También puede probar un masaje indio de cabeza o, todavía mejor, un tratamiento craneosacral, que actúa sobre la energía que rodea la cabeza y la columna.

SÁQUELO FUERA

Siempre que pueda, haga ejercicio al aire libre. Cuando esté fuera, centre su atención en la parte superior de su cabeza. Tome conciencia del sol o de la lluvia, que llega primero a esa parte de su cuerpo. Si el día está nublado, recuerde que el cielo azul está más allá. Imagine que se alza desde la coronilla para encontrarlo.

Para lograr el equilibrio, es importante incorporar algunos ejercicios específicos: el más sencillo consiste en imaginar las plantas de los pies tocando el suelo mientras camina o se mueve.

RESPIRACIÓN DE LA CONEXIÓN CÓSMICA

Los átomos de nuestro cuerpo son muy antiguos; nos conectan con el pasado. Los átomos de hidrógeno que inspiramos se formaron hace 13 000 millones de años, durante el Big Bang. Han viajado a través del espacio para llegar hasta aquí, y en esta tierra forman parte de las rocas, el agua y el aire. También nos conectan con los demás. Los científicos han calculado que, cada vez que inspiramos, estamos inspirando casi con total seguridad una o dos moléculas que fueron espiradas por Julio César, Shakespeare o cualquier otra figura histórica. Esta meditación se centra en esas conexiones.

1 Al INSPIRAR, piense:
   «Estoy inspirando conexión».

2 Al ESPIRAR, piense:
   «Estoy espirando conexión».

3 Al INSPIRAR, piense:
   «Estoy inspirando el universo».

4 Al ESPIRAR, piense:
   «Estoy espirando el universo».

Conecte con su
chakra
corona

El chakra corona se relaciona con el elemento energía cósmica. Esta sección trata de la profundización de su conexión espiritual.

Los humanos llevamos miles de años luchando por expresar el significado de la conexión divina. Aquí tiene cuatro métodos para acercarse a ella.

1. ESTIMULE SU CONEXIÓN ESPIRITUAL

Estas son algunas palabras que elevan mi espíritu:

○ Lo divino, la fuente, el punto de luz más elevado, cielo, celestial, elíseo, angelical; luz, luminiscencia, resplandor, claro, cristalino, nítido, translúcido; paz, calma, amor, gratitud, inspiración, alegría, maravilla, euforia, arrebato, felicidad; viaje espiritual, despertar, conciencia elevada, vibración alta, trascendencia, iluminación, nirvana; el alma, el espíritu, bendiciones, Namasté.

¿Alguna de estas palabras le funciona? Si prefiere imágenes, ¿qué tipo de imágenes le inspiran y le aportan una sensación de trascendencia y conexión?

2. EXPERIMENTE LA ESPIRITUALIDAD

Veamos algunas actividades que podrían activar su chakra corona y abrirlo a la experiencia espiritual:

○ Práctica religiosa. Numerosas religiones han descubierto el modo de estimular los sentidos mediante la oración y los rituales. Visite una catedral gótica que le haga elevar la vista hacia Dios; un templo hindú repleto de incienso e iconos o una estupa budista con campanas y cánticos, o participe en un círculo de percusión de nativos americanos bajo las estrellas.

○ Acceder a otras vibraciones. Cuando medita con otras personas resulta más sencillo acceder al estado meditativo. También puede acceder a las vibraciones espirituales visitando lugares donde otras personas han recibido inspiración durante siglos (el camino de Santiago).

○ Arte y música. Puede conectar con la espiritualidad a través del arte en todas sus formas: escuchando música, visitando galerías o leyendo poesía (en especial de místicos, como Rumi). Tenga en cuenta que puede resultar complicado: el síndrome de Stendhal (también llamado síndrome de Florencia) es una enfermedad cuyos síntomas incluyen un elevado ritmo cardíaco, mareo, desmayo e incluso alucinaciones. Afecta a ciertas personas expuestas a un arte muy elevado o espiritual.

○ Naturaleza. Suba a la cumbre de una montaña para poder contemplar el paisaje a mucha distancia. Observe un cielo lleno de estrellas, un amanecer, los rayos de luz que penetran entre las nubes o la aurora boreal o austral. Las flores y los árboles también nos inspiran. Como escribió la poetisa inglesa Elizabeth Barrett Browning, «la tierra está rebosante de cielo, y cada arbusto común arde con Dios».

3. CONECTE CONSIGO MISMO (PUEDE RESULTAR DIFÍCIL)

o Equilibrio, centro y estar presente. Puede abrir su chakra corona tomando plena conciencia y estando presente en todo lo que haga. No tiene que ser profesor de yoga o un místico. Si, por ejemplo, es jardinero, programador informático o pintor y es capaz de percibir lo que está haciendo, ver la belleza y acceder a una realidad más profunda, irá por el buen camino espiritual.

o Sea valiente. El psicoanalista suizo Carl Jung afirmó que no se puede acceder a la conciencia sin dolor. Las personas somos capaces de hacer cualquier cosa, por absurda que sea, para no afrontar nuestra alma. «Uno no llega a la iluminación imaginando figuras de luz, sino tomando conciencia de la oscuridad».

o Vea un propósito más elevado y extraiga lecciones de todas las situaciones. Las lecciones vitales existen para enseñarle hasta que dejan de afectarle. Como afirmó Buda, «cada experiencia, por negativa que parezca, alberga una bendición de algún tipo. El objetivo consiste en descubrirla».

o Guarde silencio y comprométase a dedicarse momentos para no hacer absolutamente nada (aunque sean unos minutos, o una vez al año durante las vacaciones).

o Puesta a punto con reiki. Si alguna vez ha recibido un tratamiento de reiki, sabrá que puede ser una experiencia celestial. La sanación con reiki procede de un lugar divino muy elevado. Puede acceder a esa frecuencia (algo parecido a sintonizar una radio) asistiendo a un curso de reiki.

4. DOMINE LA MEDITACIÓN

Si ha evitado las meditaciones de este libro, me solidarizo con usted: yo también evitaba la meditación. Cada vez que lo intentaba, ni siquiera me acercaba a la calma mental de la que todo el mundo hablaba. Acabé asumiendo que la meditación no era para mí.

Mi momento «eureka» me llegó mientras leía *Come, reza, ama*, de la autora americana Elizabeth Gilbert, y en especial con su viva descripción de los intentos de meditar en un *ashram* indio. Me animó saber lo increíblemente difícil que le resultó la lucha con su «mente de mono», y me inspiró leer cómo por último lo consiguió.

La meditación (o *mindfulness*, que significa «concentrarse en las cosas de una en una») resulta muy beneficiosa para el chakra corona. Si tiene suerte, podrá conectar espiritualmente mientras monta en bicicleta, juega con sus hijos o se desplaza en tren al trabajo. Si ya lo siente, es estupendo: continúe. Para el resto de nosotros, la mente suele ser demasiado ruidosa para sentir la espiritualidad. Esa mente de mono grita y se mueve sin parar, presa de la ansiedad y llena de preguntas y recordatorios de cosas que debemos hacer en el futuro, además de los recuerdos del pasado.

La meditación es una herramienta para tranquilizar a ese mono concentrándonos en una sola cosa cada vez. Cuando respiramos o caminamos (o lo que sea que hagamos), tenemos la oportunidad de retroceder y darnos cuenta de que no somos nuestros pensamientos y de que tenemos la opción de no dejarnos agobiar por ellos. El desapego consiste en tener la capacidad de acceder a ese lugar tranquilo en el que podemos observar nuestros pensamientos desde la distancia y dejarlos ir. A fuerza de práctica, cada vez resulta más sencillo. Y ahí obra la magia: cuando llegamos al desapego, hay tanto silencio y tanta calma que tenemos una gran oportunidad de tomar conciencia de nuestra conexión divina.

La meditación no es la única vía para abrir el chakra corona, pero merece la pena probar. La buena noticia es que existen muchos tipos distintos de meditación. Contar las veces que inspira y espira, pronunciar un mantra, caminar, observar la llama de una vela, bailar (piense en los giros de los derviches), concentrarse durante la práctica de yoga... En realidad, cualquier actividad que le permita pensar en esa sola cosa en ese preciso momento. La meditación de la página 167 se centra especialmente en el chakra corona.

Meditación para el chakra corona

CONECTAR CON LA LUZ

Con frecuencia animo a mis clientes a que realicen esta visualización por sí solos durante una sesión de sanación. Es muy estimulante e inspiradora. Incluso personas que nunca han hecho este tipo de trabajo y que no tienen confianza en sus capacidades presentan un chakra corona extremadamente brillante al final de la visualización. La energía sobre su cabeza resulta expansiva y mucho más luminosa. Cuanto más siento ese cambio energético con mis manos, más convencida estoy de que la energía realmente puede fluir hacia donde va el pensamiento.

o Siéntese o túmbese con comodidad. Respire varias veces de manera lenta y profunda, y con cada ESPIRACIÓN relaje una parte del cuerpo, empezando por los pies.

o Lleve su atención hasta la coronilla e impóngase la intención de conectar con el punto de luz más elevado (Dios, lo divino, el reino angelical o como quiera llamarlo). Pida que un gran rayo de luz blanca y pura baje por su chakra corona. Ya es pura, pero cuando toca su cabeza lo es todavía más, exactamente la vibración y la energía que su cuerpo necesita.

o Al INSPIRAR, imagine que esa luz entra en su cabeza y la ocupa en su totalidad. A continuación, fluye hasta el cuello y los hombros, los brazos y las manos.

o Regrese a su chakra corona y perciba que la luz continúa fluyendo tanto como necesite. Al inspirar, bajará hasta el pecho y los pulmones, y rodeará su corazón. Llegará al estómago y seguirá adelante. Tenga por seguro que esta luz sabe adónde tiene que ir; atraviesa todos los giros de sus órganos digestivos, los nutre y los sana.

o Regrese a su chakra corona: la hermosa luz sigue fluyendo. Llévela hasta la columna, vértebra a vértebra, y baje hasta las caderas, la pelvis y las piernas. Se está llenando de luz resplandeciente.

o Si hay algo que la luz necesite disolver, puede llevarlo hasta los pies y sacarlo hasta la tierra. No obstante, gran parte de la luz se queda en su cuerpo para nutrirlo y hacer que brille. Véala o siéntala.

o Regrese poco a poco a la coronilla y pida al rayo de luz que se retire con delicadeza hasta el lugar de donde procede. Dele las gracias.

o Cuando esté listo, mueva los dedos de manos y pies y abra los ojos.

(Para lograr el equilibrio, realice también la meditación para el chakra raíz. *Véase* pág. 44.)

El puente arco iris

Armonizar
los siete
chakras

Cuando todos los chakras están equilibrados y trabajan juntos, es como una orquesta en armonía: el sonido es rico y ningún instrumento domina sobre los demás. A continuación veremos tres técnicas para trabajar todos los chakras a la vez. Cuando armonizan, es como construir un hermoso puente arco iris en el interior de su cuerpo, un puente que conecta materia y espíritu, tierra y cielo.

TÉCNICA 1

Los chakras se sienten mucho más felices cuando la energía fluye adecuadamente entre ellos. Se apoyan y se refuerzan entre sí, lo que facilita la vida en gran medida. Piense en un instrumento de viento (en una flauta infantil o en un saxofón de jazz suave). El aire fluye por el instrumento para crear sonidos. Puede tocar una melodía abriendo o cerrando diferentes orificios de aire con los dedos. Nuestro campo energético hace algo similar: la energía fluye por todo el cuerpo, y entra y sale de los chakras. Cuando todos los chakras funcionan bien, nos sentimos plenamente vivos. Si alguno de ellos está bloqueado, nuestra expresión (la gama de melodías que sabemos tocar) es limitada. Por tanto, así como los músicos limpian y ajustan sus instrumentos para mantenerlos afinados, tenemos que limpiar nuestro campo energético y nuestros chakras. El siguiente es un ejercicio rápido y sencillo para conectarlos y equilibrarlos.

Conectar sus chakras

o Comience por el chakra raíz. Coloque una mano sobre ese chakra y la otra sobre el chakra sacro. Impóngase la intención de conectarlos; las manos hacen las veces de cables puente. Tanto si siente algo como si no, permanezca en esa posición durante un minuto más o menos.

o Vaya subiendo y conectando cada chakra con el superior (el sacro con el del plexo solar, este con el del corazón, y así sucesivamente), hasta llegar a los chakras del tercer ojo y corona.

o Acabe conectando el chakra corona y el raíz.

TÉCNICA 2

Los chakras pueden absorber todo tipo de energía, desde la tristeza ajena hasta el parloteo general y agotador que se escucha en una calle comercial ajetreada o en el tren. Si se siente cansado y malhumorado al final del día, una limpieza de chakras le ayudará a sentirse mejor de inmediato. Este proceso es muy sencillo.

Limpieza de chakras

o Métase en la ducha.

o Mientras el agua toca su piel y le limpia su cuerpo, imagine que un rayo de luz limpia todo su campo áurico y todos sus chakras. De ese modo se limpia energéticamente (puede pedirle a la luz que lo haga).

o Mientras se deshace de esa energía vieja y estancada, es posible que sienta que se quita un gran peso de encima, que tiene más energía y que es capaz de afrontar los problemas con una mente más clara y con menos esfuerzo.

TÉCNICA 3

Detectar los colores de los chakras es un buen recordatorio de los propios chakras (espero que haya disfrutado con las verduras de colores tanto como yo). La respiración en color lleva esa práctica un paso más allá al reunir en el cuerpo todos esos preciosos tonos del arco iris, uno tras otro, para nutrir todos los chakras desde el interior.

Respiración en color

o Túmbese cómodamente boca arriba. Al INSPIRAR, imagine que puede respirar por toda la parte delantera de su cuerpo, como si absorbiese oxígeno a través de los poros de su piel.

o A continuación, imagine que conecta con una energía roja suave, preciosa y reluciente, la esencia del rojo, el punto más elevado de luz roja. Visualice esa luz roja fluyendo de manera suave por el interior de su cuerpo con cada INSPIRACIÓN; se mueve como vapor para llegar a cada célula. Deje que caliente y sane su cuerpo. A continuación, pida al color que fluya hasta sus ingles, justo por encima del chakra raíz, y que se concentre como una hermosa bola de luz roja suave.

o Repita con energía naranja; llévela a cada parte de su cuerpo siguiendo el mismo proceso, y después concéntrela en la zona sacra. Haga lo mismo con el resto de colores: amarillo (plexo solar), verde (corazón), azul (garganta), púrpura (tercer ojo) y, por último, el blanco-violeta del chakra corona.

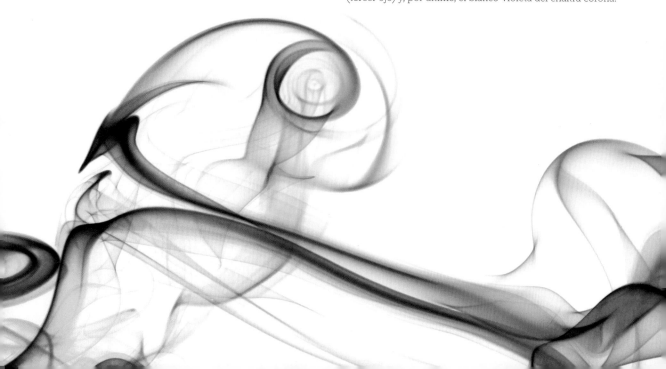

Trabajar con
cristales

Los chakras vibran, y los cristales también. Los cristales adecuados pueden intensificar el trabajo energético con los chakras y reforzar su energía.

ELEGIR SUS CRISTALES

Existen tantas recomendaciones en cuanto a cristales para los chakras que la información puede llegar a resultar confusa. Mi consejo es que no se base en las descripciones y que no compre sus cristales por internet. Visite una tienda especializada y pruebe algunos cristales personalmente: al tocarlos, unos le producirán rechazo y otros le resultarán agradables y le funcionarán bien.

Al principio limítese a los colores de los chakras. A medida que vaya adquiriendo experiencia, podrá intercambiarlos y probar otros cristales.

Lista breve para iniciarse:

o **Chakra raíz:** jaspe rojo

o **Chakra sacro:** cornalina naranja

o **Chakra del plexo solar:** citrino amarillo

o **Chakra del corazón:** aventurina verde o cuarzo rosa

o **Chakra de la garganta:** angelita azul cielo

o **Chakra del tercer ojo:** amatista púrpura

o **Chakra corona:** cuarzo transparente

Además, puede probar con:

o Cuarzo transparente: elija una pieza extra, que funciona con todos los chakras y refuerza otras piedras.

o Turmalina negra: recomendable para centrarse.

CUIDADOS DE LOS CRISTALES

Los cristales son como mascotas: necesitan cuidados. Si es amable con ellos, se esforzarán más por usted. Además, son capaces de absorber las vibraciones del trabajo con los chakras. Límpielos con frecuencia; para ello, lávelos con agua o entiérrelos. Para recargarlos, expóngalos a la luz solar o de la luna.

UTILIZAR SUS CRISTALES

Si quiere trabajar un chakra determinado, sujete el cristal correspondiente con las manos. Conéctese concentrándose en el color y en cómo le hace sentir. A continuación, ponga el cristal sobre el chakra. Establezca su intención para el cristal: ¿quiere que abra el chakra, que lo calme o que lo equilibre?

Para realizar una sanación completa de chakras con cristales, túmbese y coloque los cristales en su cuerpo sobre el chakra correspondiente. Para centrarse todavía más, coloque la turmalina negra en los pies. Conecte con la energía de los cristales durante 10-30 minutos. Cuando termine, retire los cristales en el mismo orden en que los ha colocado.

Durante el día puede llevar cristales en el bolsillo (o bajo el sujetador). No es necesario que estén sobre el chakra correspondiente. No obstante, no los lleve durante mucho tiempo, sobre todo al principio, ya que su energía puede ser potente.

Trabajar con
aceites
esenciales

Los aceites esenciales también ejercen un efecto intenso sobre los chakras. A continuación encontrará una lista de sugerencias basadas en los colores y las características de los aceites. No obstante, el sentido del olfato es muy personal y está relacionado con los recuerdos. Siga sus gustos.

ELEGIR ACEITES ESENCIALES

o **Chakra raíz:** rosa calmante (piense en las rosas rojas) o un aceite amaderado (por ejemplo de sándalo) para centrarse.

o **Chakra sacro:** neroli (el aroma de la flor del naranjo amargo) o ylang-ylang. Ambos resultan muy ligeros y sensuales.

o **Chakra del plexo solar:** limón estimulante o manzanilla relajante (por su color), o vetiver para reducir la ansiedad.

o **Chakra del corazón:** rosa (piense en las rosas rosas), siempreviva para un corazón roto o palo santo para reconectar con las emociones estancadas.

o **Chakra de la garganta:** loto azul etéreo (por su color) o eucalipto para abrir la garganta.

o **Chakra del tercer ojo:** lavanda (por su color) o laurel para abrir su sexto sentido.

o **Chakra corona:** jazmín estimulante (flores blancas) o incienso, que se considera un aceite sagrado y resulta beneficioso para la meditación.

Si lo prefiere, elija el aceite que más le guste y utilícelo para todos los chakras. Los de rosa o los de lavanda resultan especialmente recomendables; se trata de aceites adaptógenos, capaces de actuar en diferentes niveles.

UTILIZAR ACEITES ESENCIALES

A menos que sepa lo que hace, diluya siempre los aceites esenciales antes de utilizarlos. Use agua o un aceite portador neutro (por ejemplo, de jojoba). Inspire el aroma antes de aplicarlo y concéntrese plenamente en limpiar, abrir o equilibrar los chakras que desee tratar.

Puede poner unas gotas de aceite en una botella de agua con aerosol (de las que se utilizan para rociar la ropa antes de planchar o para las plantas) o en la bañera. Mi método favorito es el difusor eléctrico de aromaterapia, que emite chorros de vapor de agua aromáticos. Se trata de un método agradable y delicado para llevar la energía de los aceites hasta su aura (y perfuma la habitación).

Si desea aplicar un aceite esencial directamente sobre un chakra, añada unas gotas a un aceite portador neutro. Inspire el aroma, establezca su intención y frote el chakra con un poco del aceite diluido (no olvide la parte trasera de su cuerpo, si llega). No utilice aceites esenciales en el chakra raíz, ya que se trata de una zona muy sensible. En su lugar, frótese los pies o la parte baja de la espalda.

Si desea trabajar todos los chakras y no le importa invertir en siete aceites distintos, puede aplicarlos siguiendo un ritual lento y consciente. Inspire el aroma de cada aceite antes de aplicarlo y asegúrese de concentrar su atención en cada chakra correspondiente.

Yoga para los
chakras

El yoga se relaciona con los chakras desde hace miles de años. Refuerza el cuerpo, apacigua las emociones, calma la mente y nos conecta con nuestra espiritualidad.

¿QUÉ POSTURAS ELEGIR?

Existen tantas posturas de yoga, y tantas sugerencias sobre qué postura conviene para cada chakra, que voy a optar por resumir mucho. En lugar de presentar una lista de posturas perfectas para cada chakra, mi consejo es que busque un curso de yoga que le vaya bien. Y tenga en cuenta estos cuatro puntos respecto a los chakras:

Movimiento

Cuando flexione, estire o refuerce una parte determinada del cuerpo, también estará trabajando el chakra de esa zona (por ejemplo, los estiramientos de cadera pueden abrir y equilibrar el chakra sacro).

Tacto

Puede estimular un chakra determinado mediante el tacto (por ejemplo, podría sentir un ligero zumbido en torno al chakra corona después de hacer el pino sobre la cabeza).

Atención

Si centra su conciencia en un chakra determinado, llevará energía hasta ese punto. Por ejemplo, en la postura de la cobra, podría notar al principio la sensación física en la parte baja de la espalda, pero también puede llevar su atención a los chakras de la garganta y el corazón al estirar la parte superior del cuerpo.

Conexión con la tierra y elevación

Perciba qué partes de su cuerpo están en contacto con el suelo y qué partes se estiran hacia arriba para recordarse que los chakras son como pasarelas entre la tierra y el cielo. En la postura del guerrero, por ejemplo, perciba cómo sus pies se conectan con la tierra y sus brazos se elevan hacia el cielo.

Estiramientos sencillos de yoga para practicar en casa

Puede equilibrar todos sus chakras con los sencillos estiramientos de yoga que se explican en las siguientes páginas.

Pruebe al menos un ejercicio de cada una de las cuatro categorías siguientes. De ese modo, su energía de los chakras fluirá en armonía en todas direcciones:

1 Arriba y abajo

2 Adelante y atrás

3 De lado a lado

4 La gran sacudida

La secuencia le llevará menos de diez minutos y le ayudará a empezar el día con muy buen pie. Repita cada movimiento varias veces.

1 Arriba y abajo

Estos ejercicios incrementan el flujo de energía entre
los chakras y los conectan entre sí.

Trazar un círculo

Este es un ejercicio muy sencillo para tomar conciencia
de los siete chakras.

o   Colóquese de pie con los pies separados el ancho
    de las caderas.

o   INSPIRE y levante los brazos a los lados. Continúe
    subiéndolos hasta que las manos queden por encima
    de la cabeza y haya realizado un círculo amplio.

o   ESPIRE y baje los brazos a los lados hasta que las manos
    queden tocando la parte delantera de sus piernas
    y haya realizado un círculo amplio.

o   Repita.

Cuando se acostumbre a realizar los círculos, céntrese
en la energía que sube y baja entre sus chakras
con el movimiento de los brazos.

Tierra y cielo

Esta postura nos conecta con el suelo y el cielo.

o   AL INSPIRAR, permanezca erguido y estire los brazos
    hacia el cielo.

o   AL ESPIRAR, flexione las rodillas y toque el suelo
    con las manos.

o   Repita.

Cuando se acostumbre a estos movimientos, concéntrese
en el flujo de energía que sube y baja entre sus chakras.

2 Adelante y atrás

Estas posturas incrementan el flujo de energía de entrada
y salida de cada chakra individual.

El gato / postura de la vaca

Con esta postura flexiona la columna y lleva la conciencia
a la parte delantera y trasera de cada chakra.

- Comience por las manos y las rodillas, con la espalda
  completamente recta.

- AL ESPIRAR, recoja la cabeza y el coxis de manera que la
  espalda se arquee hacia arriba como si se tratase de un gato
  enfadado; el centro de la espalda debe apuntar al techo.

- AL INSPIRAR, saque la cabeza y el coxis de manera que
  el centro de la espalda se arquee hacia abajo y el estómago
  se acerque al suelo.

- Repita.

Estiramiento de columna

Este ejercicio es similar al anterior, pero se realiza de pie
e intervienen también los brazos.

- AL INSPIRAR, mire hacia arriba y saque el coxis de manera
  que la espalda quede arqueada. Estire los brazos hacia
  los lados. Esta es una postura hermosa y generosa para abrir
  la parte delantera de sus chakras.

- AL ESPIRAR, mire hacia abajo y recoja el coxis de manera
  que la espalda quede redondeada. Lleve los brazos
  a su alrededor para abrazar su cuerpo. Esta es una postura
  reconfortante para abrir la parte trasera de los chakras.

- Repita.

3 De lado a lado

Mover la columna de lado a lado resulta muy beneficioso para todos los chakras. Este movimiento puede estimular el flujo de energía entre ellos y liberar bloqueos en chakras individuales.

Giro a los lados

Este es un estiramiento maravilloso, y resulta mucho más sencillo de lo que parece.

- Túmbese con los brazos estirados a los lados formando una T y las piernas estiradas sobre el suelo.

- Deslice la planta del pie derecho en el suelo hasta que quede al nivel de la rodilla izquierda (la pierna derecha formará un triángulo, con la rodilla apuntando hacia arriba).

- Mantenga los brazos y los hombros en el suelo, y gire la cabeza a la derecha. Al mismo tiempo, lleve la rodilla derecha hacia el suelo, a su izquierda. Mantenga la postura durante algunas respiraciones.

- Repita con el otro lado.

Brazos de molino

Este ejercicio implica un movimiento similar pero de pie.

- Colóquese con los pies separados a la altura de las caderas y las rodillas ligeramente flexionadas. Gire la cabeza y los hombros a la derecha. Mantenga los brazos relajados para que puedan acompañar el movimiento.

- Repita hacia el otro lado girando la cabeza y los hombros a la izquierda.

Cuando consiga un ritmo constante, los brazos se moverán libremente con cada giro. Es posible que al girar despegue del suelo las plantas de los pies, lo que le permitirá ampliar un poco el giro.

4 *La gran sacudida*

Esta postura resulta muy beneficiosa, ya que se agita toda la
energía del cuerpo y de los chakras. Le calmará si se siente tenso
(las cebras agitan todo su cuerpo exageradamente después de
huir de un depredador; de ese modo calman sus hormonas
del estrés). También puede utilizar el ejercicio para alejar
la energía de otras personas de su campo áurico y para activar
su propia energía si se siente aletargado.

Muévase con ganas

o Colóquese de pie con las rodillas ligeramente flexionadas.

o Balancéese un poco sobre el tercio anterior de los pies
   para enviar una vibración ascendente a su cuerpo.

o A continuación, concéntrese en las rodillas y las caderas,
   e intensifique el movimiento.

o Agite las muñecas como si intentase eliminar agua de las
   manos. Suba por los codos y los hombros para intensificar,
   de nuevo, el movimiento.

o Agite la cabeza de manera que todo el cuerpo se mueva,
   desde los pies hasta la coronilla.

Cómo pueden ayudar
los chakras
al flujo de energía

Me fascinan las personas que consiguen lo que se proponen, ya sea preparar una buena comida sin ningún esfuerzo, poner en marcha su propia empresa o llevar a cabo un proyecto para ayudar a otras personas. Y me fascinan especialmente las personas que no se quejan, no se estresan y no se agotan. ¿Cómo convierten sus ideas en realidades y mantienen a flote nuevos proyectos cuando resulta tan fácil estancarse y asustarse?

En términos de energía, se trata de tener unos chakras limpios y sanos. Si alguno está bloqueado, las ideas se estancan y es como caminar una montaña hacia arriba entre el barro para no conseguir nada.

LOCALIZAR EL PROBLEMA

Si tiene una gran idea pero parece incapaz de llevarla a la práctica, o no disfruta con ella, observe sus síntomas corporales. Si el proyecto le provoca dolor de cabeza o de garganta, palpitaciones, mariposas en el estómago o problemas digestivos, es probable que ahí radique la respuesta. Limpie el chakra en cuestión y las cosas le resultarán más fáciles.

Todos los chakras son importantes, lo cual es un buen recordatorio para aquellas personas que intentamos seguir un camino espiritual. No sirve de nada tener sueños idealistas si los chakras inferiores están débiles y es incapaz de hacer funcionar su negocio o alimentar a su familia.

El flujo de energía entre nuestros chakras sube y baja. En las siguientes páginas analizaremos la importancia de ese flujo y cómo cada uno de los chakras puede influir en nuestras decisiones vitales, desarrollar nuestras ideas y llevarlas a la práctica.

Flujo descendente

Si desea convertir una idea brillante en una realidad física,
la energía fluye HACIA ABAJO desde el chakra corona.
El proceso podría tener lugar de la siguiente manera:

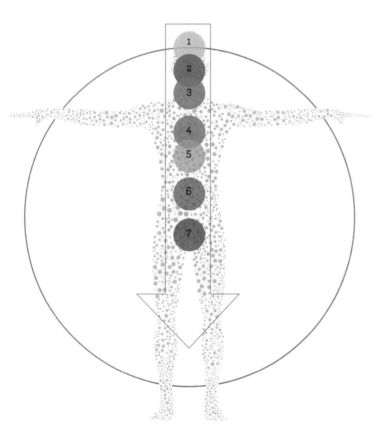

1 Chakra corona
Se siente inspirado.

2 Chakra del tercer ojo
Vislumbra algo, grande o pequeño,
que podría funcionar.

3 Chakra de la garganta
Empieza a hablar de ello, consigo
mismo o con otras personas.

4 Chakra del corazón
Empieza a sentirse apasionado
respecto a la idea.

5 Chakra del plexo solar
Se decide a ponerla en práctica.

6 Chakra sacro
Medita y desarrolla el proyecto.

7 Chakra raíz
La idea nace, se manifiesta y se hace
realidad.

Flujo ascendente

Si su realidad física está bien, pero se esfuerza mucho para ganar
dinero y nunca se siente inspirado o contento, el flujo de energía
de los chakras debe ir HACIA ARRIBA desde el chakra raíz
para expandirse e iluminarse. El proceso podría tener lugar
de la siguiente manera:

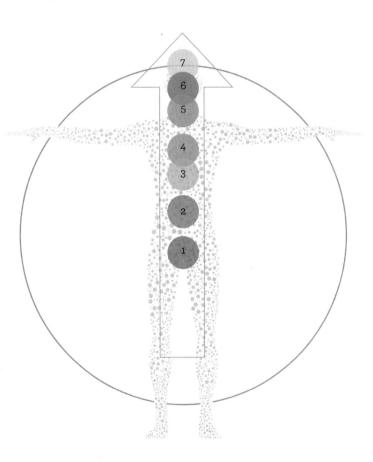

7 Chakra raíz
Empieza a confiar en que existe un poder elevado
que le inspirará y le mostrará el camino a seguir.

6 Chakra del tercer ojo
Empieza a sentirse inspirado y ve mucho más allá
que antes.

5 Chakra de la garganta
Empieza a hablar y, lo más importante, a escuchar.
Sus ideas crecen.

4 Chakra del corazón
Se apasiona con la idea; es posible que empiece
a conectar con otras personas.

3 Chakra del plexo solar
Se siente más decidido a cambiar su vida.

2 Chakra sacro
Empieza a sentir que le gustaría disfrutar de
más placeres y de los frutos de su esfuerzo.

1 Chakra raíz
Empieza a tomar conciencia de que la vida es algo
más que éxito material, comida y posesiones.

He trabajado
los siete chakras:
¿ahora qué?

Es posible que al final de este viaje por los chakras se sienta más centrado, creativo, fuerte, alegre, expresivo, intuitivo e inspirado. También es probable que se sienta más cómodo con su cuerpo, más en paz con sus emociones, con más claridad mental y con una conexión espiritual más profunda. Además, habrá tomado conciencia de los hermosos colores de los chakras que le rodean día a día.

Si la energía fluye de manera armónica entre todos los chakras, de modo que ninguno resulta débil o dominante, su vida también discurrirá en armonía. No le puedo garantizar que todos sus problemas físicos, las personas complicadas y las situaciones difíciles en su vida desaparecerán de la noche a la mañana. Sin embargo, sí tendrá más confianza para superar los obstáculos y aprovechar las oportunidades, y se sentirá optimista porque percibirá que camina en la dirección correcta.

No dude en volver a consultar las sugerencias y los ejercicios de este libro. La vida seguirá sorprendiéndole y exigiéndole, y sus chakras también evolucionarán. Cada vez que lea este libro, lo hará de manera en cierto sentido distinta. Algunos puntos cobrarán sentido de repente, o le parecerán especialmente relevantes. Y cada vez que conecte con sus chakras, los experimentará de un modo diferente. Es posible que la próxima visualización le resulte más intensa porque habrá encontrado el valor para profundizar, o le parecerá más ligera y fácil porque habrá eliminado la energía estancada.

El sistema de chakras es un mapa muy útil, y muy sencillo y lógico de utilizar, pero con una profundidad y una sutileza únicas. Si tiene dificultades, contacte con sus chakras: pueden ayudarle a ver con claridad qué aspecto de su vida necesita más apoyo. Cuando empiece un nuevo proyecto, conecte con sus chakras; le ayudarán a avanzar con claridad y confianza.

Cuanto más sane, limpie, equilibre y energice sus chakras, más sencillo le resultará gestionar su energía y vivir una vida plena y feliz, una aventura y un viaje al corazón de quien es usted realmente.

Juntos, los siete chakras son como el faro del alma. Con unos cimientos bien sólidos, muros resistentes y un poco de mantenimiento, le ayudarán a ir con la cabeza bien alta para que su luz brille.

Bibliografía

SOBRE LOS CHAKRAS

Mi página web, http://georgiacoleridgehealing.com,
e Instagram, @chakraproject.

Annie Penny, su curso sobre chakras:
https://www.sacredearthtraining.co.uk.

Carter, Hilary H., *The Chakras Made Easy,* Ayni Books, 2013.

Eden, Donna, *Energy Medicine: Balancing Your Body's Energies
for Optimal Health, Joy, and Vitality,* edición actualizada y
ampliada, Tarcher Books, 2008 (trad. cast.: *Medicina energética:
manual para conseguir el equilibrio energético del cuerpo
para una excelente salud, alegría y vitalidad,* Barcelona,
Obelisco, 2011).

Hausauer, Nancy, *Chakra Care: Do-It-Yourself Energy Healing
for a More Joyful, Loving, Fruitful Life,* CreateSpace
Independent Publishing Platform, 2013.

Judith, Anodea, *Wheels of Life: The Classic Guide to the Chakra
System,* 2.ª edición, Llewellyn Publications, 1987 (trad. cast.:
Ruedas de la vida: un viaje a través de los chakras, Madrid,
Arkano Books, 2010).

—*Eastern Body, Western Mind: Psychology and the Chakra
System as a Path to the Self,* Celestial Arts, 2004 (trad. cast.:
*Cuerpo de Oriente, mente de Occidente: psicología y sistema
de chakras como vía de autoconocimiento y equilibrio personal,*
Madrid, Arkano Books, 2015).

Judith, Anodea; Vega, Selene, *The Sevenfold Journey:
Reclaiming Mind, Body and Spirit Through the Chakras,*
Crossing Press, 1993.

McGeough, Marion, *A Begginner's Guide to the Chakras,*
CreateSpace Independent Publishing Platform, 2013.

Simpson, Liz, *The Book of Chakra Healing,* edición revisada,
Sterling Publishing, 2013.

White, Ruth, *Working with Your Chakras,* Piatkus, 2010.

SOBRE ENERGÍA, SANACIÓN, PSICOLOGÍA Y MÁS

Aron, Elaine N., *The Highly Sensitive Person: How to Thrive
When the World Overwhelms You,* Thorsons, 1999 (trad. cast.:
El don de la sensibilidad, Barcelona, Obelisco, 2006).

Bennett Vogt, Stephanie, *Your Spacious Self: Clear the Clutter
and Discover Who You Are,* Hierophant Publishing, 2012.

Bloom, William, *Psychic Protection: Creating Positive Energies
for People and Places,* Simon & Schuster, 1970 (trad. cast.:
Las energías protectoras, Madrid, Martínez Roca, 1997).

Bolte Taylor, Jill, *My Stroke of Insight: A Brain Scientist's
Personal Journey,* Hodder, 2009 (trad. cast.: *Un ataque de
lucidez: un viaje personal hacia la superación,* Barcelona,
Debate, 2009).

Brennan, Barbara Ann, *Hands of Light: A Guide to Healing
Through the Human Energy Field,* Bantam, 1990 (trad. cast.:
Manos que curan: el libro guía de las curaciones espirituales,
Madrid, Martínez Roca, 2008).

Byrne, Rhonda, *The Secret,* Simon & Schuster UK, 2006
(trad. cast.: *El secreto,* Madrid, Urano, 2007).

Cain, Susan, *Quiet: The Power of Introverts in a World That
Can't Stop Talking,* Penguin Books, 2013.

Cuddy, Amy, *Presence: Bringing Your Boldest Self to Your Bigger
Challenge,* Little, Brown Book Group, 2015 (trad. cast.: *El poder
de la presencia: autoestima, seguridad, poder personal,* Madrid,
Urano, 2016).

Emoto, Masaru, *The Hidden Messages in Water,* Simon & Schuster UK, 2005 (trad. cast.: *Mensajes del agua: la belleza oculta del agua,* Barcelona, La Liebre de Marzo, 2003).

Garner, Lesley, *Everything I've Ever Done That Worked,* Hay House UK, 2010.

Gilbert, Elizabeth, *Eat, Pray, Love: One Woman's Search for Everything,* Bloomsbury Publishing, 2006 (trad. cast.: *Come, reza, ama,* Barcelona, Aguilar, 2010).

Linn, Denise, *Past Lives, Present Miracles: The Most Empowering Book on Reincarnation You'll Ever Need... in This Lifetime!,* Hay House UK, 2008.

Locke, Amber, *Nourish: Vibrant Salads to Relish and Refresh,* Mitchell Beazley, 2016 (trad. cast.: *Ensaladas para la salud: nutritivas, sabrosas y frescas,* Barcelona, Lunwerg, 2017), y *Savour: Sensational Soups to Fulfil and Fortify,* Mitchell Beazley, 2017.

Minns, Sue, *Soulmates: Understanding the True Gifts of Intense Encounters,* Hodder, 2005.

Moorjani, Anita, *Dying to Be Me: My Journey from Cancer, to Near Death, to True Healing,* Hay House UK, 2012 (trad. cast.: *Morir para ser yo: mi viaje a través del cáncer y la muerte hasta el despertar y la verdadera curació*n, Madrid, Gaia, 2013).

Nhat Hanh, Thich, *The Miracle of Mindfulness: The Classic Guide,* Rider, 2008 (trad. cast.: *El milagro de mindfulness,* Barcelona, Oniro, 2013).

O'Sullivan, Natalia, *Do It Yourself Psychic Power: Practical Tools and Techniques for Awakening Your Natural Gifts,* Element Books, 2002.

O'Sullivan, Natalia, y Graydon, Nicola, *The Ancestral Continuum: Unlock the Secrets of Who You Really Are*, Simon & Schuster, 2013.

Pollan, Michael, *In Defence of Food: The Myth of Nutrition and the Pleasures of Eating,* Penguin Books, 2008.

Rubin, Gretchen, *The Happiness Project,* Harper, 2010 (trad. cast.: *Objetivo: felicidad,* Madrid, Urano, 2010).

Samuel, Julia, *Grief Works: Stories of Life, Death and Surviving,* Penguin Life, 2017.

Stone, Hal y Sidra, *Embracing Our Selves: the Voice Dialogue Manual,* Nataraj Publishing, 1988 (trad. cast.: *Manual del diálogo de voces: reconocer y aceptar todo lo que hay en nosotros,* Barcelona, Eleftheria, 2014).

Woolger, Roger J., *Other Lives, Other Selves: A Jungian Psychotherapist Discovers Past Lives,* Thorsons, 1999 (trad. cast.: *Otras vidas, otras identidades,* Madrid, Martínez Roca, 1991).

Además, existen numerosos recursos en internet: encontrará meditaciones para los chakras en YouTube, yoga para los chakras (en especial, el de Ingrid Ballard) y cánticos para los chakras. En cuanto a blogs, tratan desde la filosofía sánscrita hasta cristales, aceites e infusiones para los chakras.

Índice

Créditos de las imágenes

Agradecimientos

Mi chakra del corazón resplandece de gratitud hacia todas las personas que inspiraron este libro. Algunas de forma directa, otras de manera indirecta, gracias a todos.

Amaryllis Fraser fue la primera que me dijo que sería sanadora; Julia Shepherd, de la Facultad de Estudios Psíquicos, me introdujo en el mundo de los chakras; mis increíbles mentoras, Natalia y Terry O'Sullivan, Wendy Mandy, Franky Kossy, Jill Purce y Juanita Puddifoot, me enseñaron a trabajar con energía (continúo aprendiendo de todas ellas). Gracias a Annie Penny por su revelador y exhaustivo curso de chakras, y a nuestro maravilloso grupo: Ingrid Ballard, Katy Boughey, Lucinda Bruce, Deborah Everton-Wallace, Jo Kirkpatrick y Helen Taylor. Todas me inspiraron a seguir profundizando en el tema. A mi hija, Sophie Coleridge, por convencerme para que publicase en Instagram mi investigación sobre los chakras y por enseñarme, con mucha paciencia, a hacerlo. A mis amigos de Instagram por sus imágenes inspiradoras, sus palabras de ánimo, su entusiasmo y su buen humor. Gracias a todos por apoyarme; el material para este libro creció y se desarrolló bajo vuestra amable mirada. A Ingrid Ballard, que lleva enseñándome yoga nada menos que 25 años, y que me ha ayudado a experimentar físicamente esa maravillosa interacción entre mi cuerpo y el campo energético.

Gracias a mi fabulosa editora, Kate Adams, por detectar el potencial de este libro y por darle vida: ha sido un viaje memorable desde la inspiración del chakra corona hasta la manifestación del chakra raíz. Estoy muy agradecida al personal de Octopus y Aster, en especial a la directora editorial, Stephanie Jackson; a la brillante Yasia Williams y su equipo de diseño por su esfuerzo para que este libro quedase precioso; a la discreta y lúcida Polly Poulter y su equipo de revisión, en especial a Mandy Greenfield por trabajar tan duro para que el libro resultase fluido y ameno; a Ellen Bashford y Ashley Grewal, del equipo de publicidad, y a muchas personas más... Y deseo expresar mi agradecimiento a mi agente *superwoman* Caroline Michel, así como a Tessa David y al equipo de Peters Fraser and Dunlop.

Gracias a la angelical Amber Locke por sus maravillosas fotografías de alimentos.

Un agradecimiento especial a Kate Johnson, Vilma Abella, Zdenek Schaffer y Michaela Schafferova por su amabilidad y su apoyo práctico.

Gracias a muchos otros amigos por su cariño y su inspiración; no puedo mencionarlos a todos, pero espero que sepan cuánto los aprecio (¡mucho!).

Gracias a mis maravillosos clientes. Es un enorme privilegio trabajar con ellos; todos me han enseñado muchísimo sobre la energía, los chakras y las hermosas complejidades del ser humano.

Gracias a mi familia: padres, hermanos, parientes políticos y en especial a mis hijos, Alexander, Freddie, Sophie y Tommy, y a mi querido marido, Nicholas. Ilumináis mi vida y mis chakras.

Si alguna vez ve a alguien que brilla como un arco iris paseando por Chelsea, probablemente sea yo pensando en todos ustedes.